VIDA LÍQUIDA

Obras de Zygmunt Bauman:

- 44 cartas do mundo líquido moderno
- Amor líquido
- Aprendendo a pensar com a sociologia
- A arte da vida
- Babel
- Bauman sobre Bauman
- Capitalismo parasitário
- Cegueira moral
- Comunidade
- Confiança e medo na cidade
- A cultura no mundo líquido moderno
- Danos colaterais
- O elogio da literatura
- Em busca da política
- Ensaios sobre o conceito de cultura
- Esboços de uma teoria da cultura
- Estado de crise
- Estranho familiar
- Estranhos à nossa porta
- A ética é possível num mundo de consumidores?
- Europa
- Globalização: as consequências humanas
- Identidade
- A individualidade numa época de incertezas
- Isto não é um diário
- Legisladores e intérpretes
- Mal líquido
- O mal-estar da pós-modernidade
- Medo líquido
- Modernidade e ambivalência
- Modernidade e Holocausto
- Modernidade líquida
- Nascidos em tempos líquidos
- Para que serve a sociologia?
- O retorno do pêndulo
- Retrotopia
- A riqueza de poucos beneficia todos nós?
- Sobre educação e juventude
- A sociedade individualizada
- Tempos líquidos
- Vida a crédito
- Vida em fragmentos
- Vida líquida
- Vida para consumo
- Vidas desperdiçadas
- Vigilância líquida

Zygmunt Bauman

VIDA LÍQUIDA

Tradução:
Carlos Alberto Medeiros

1ª reimpressão

Copyright © 2005 by Zygmunt Bauman

Tradução autorizada da primeira edição inglesa, publicada em 2005 por Polity Press, de Cambridge, Inglaterra

Grafia atualizada segundo o Acordo Ortográfico da Língua Portuguesa de 1990, que entrou em vigor no Brasil em 2009.

Título original
Liquid Life

Capa e imagem
Bruno Oliveira

Dados Internacionais de Catalogação na Publicação (CIP)
(Câmara Brasileira do Livro, SP, Brasil)

Bauman, Zygmunt, 1925-2017
 Vida líquida / Zygmunt Bauman ; tradução Carlos Alberto Medeiros. – 1ª ed. – Rio de Janeiro: Zahar, 2021.

 Tradução de: Liquid Life.
 ISBN 978-65-5979-016-6

 1. Consumo (Economia) 2. Individualismo 3. Mudança social 4. Pós-modernismo – Aspectos sociais I. Título.

21-63350   CDD:306.0904

Índice para catálogo sistemático:
1. Pós-modernidade : Aspectos sociais : Sociologia 306.0904

Cibele Maria Dias – Bibliotecária – CRB-8/9427

Todos os direitos desta edição reservados à
EDITORA SCHWARCZ S.A.
Praça Floriano, 19, sala 3001 – Cinelândia
20031-050 – Rio de Janeiro – RJ
Telefone: (21) 3993-7510
www.companhiadasletras.com.br
www.blogdacompanhia.com.br
facebook.com/editorazahar
instagram.com/editorazahar
twitter.com/editorazahar

· **Sumário** ·

Introdução
Sobre a vida num mundo líquido-moderno 7

1. O indivíduo sitiado 25

2. De mártir a herói e de herói a celebridade 55

3. Cultura: rebelde e ingovernável 71

4. Buscar abrigo na Caixa de Pandora – 90
ou medo, segurança e a cidade

5. Os consumidores na sociedade 105
líquido-moderna

6. Aprendendo a andar sobre a areia movediça 151

7. O pensamento em tempos sombrios 167
(Arendt e Adorno revisitados)

Notas 199
Agradecimentos 205
Índice 207

· **Introdução** ·

Sobre a vida num mundo líquido-moderno

> Quando se patina sobre o gelo fino, a segurança está na velocidade.
>
> Ralph Waldo Emerson, *Sobre a prudência*

A "vida líquida" e a "modernidade líquida" estão intimamente ligadas. A "vida líquida" é uma forma de vida que tende a ser levada adiante numa sociedade líquido-moderna. "Líquido-moderna" é uma sociedade em que as condições sob as quais agem seus membros mudam num tempo mais curto do que aquele necessário para a consolidação, em hábitos e rotinas, das formas de agir. A liquidez da vida e a da sociedade se alimentam e se revigoram mutuamente. A vida líquida, assim como a sociedade líquido-moderna, não pode manter a forma ou permanecer por muito tempo.

Numa sociedade líquido-moderna, as realizações individuais não podem solidificar-se em posses permanentes porque, em um piscar de olhos, os ativos se transformam em passivos, e as capacidades, em incapacidades. As condições de ação e as estratégias de reação envelhecem rapidamente e se tornam obsoletas antes de os atores terem uma chance de aprendê-las efetivamente. Por essa razão, aprender com a experiência a fim de se basear em estratégias e movimentos táticos empregados com sucesso no passado é pouco recomendável: testes anteriores não podem dar conta das rápidas e quase sempre imprevistas (talvez imprevisíveis) mudanças de circunstâncias. Prever tendências futuras a partir de eventos passados torna-se cada dia mais arriscado e, frequentemente, enganoso. É cada vez mais difícil fazer cálculos exatos, uma vez que os prognósticos seguros são inimagináveis: a maioria das variáveis das equações (se não todas) é desconhecida, e nenhuma estimativa de suas possíveis tendências pode ser considerada plena e verdadeiramente confiável.

Em suma: a vida líquida é uma vida precária, vivida em condições de incerteza constante. As preocupações mais intensas e obstinadas que assombram esse tipo de vida são os temores de ser pego tirando uma soneca, não conseguir acompanhar a rapidez dos eventos, ficar para trás, deixar passar as datas de vencimento, ficar sobrecarregado de bens agora indesejáveis, perder o momento que pede mudança e mudar de rumo antes de tomar um caminho sem volta. A vida líquida é uma sucessão de reinícios, e precisamente por isso é que os finais rápidos e indolores, sem os quais reiniciar seria inimaginável, tendem a ser os momentos mais desafiadores e as dores de cabeça mais inquietantes. Entre as artes da vida líquido-moderna e as habilidades necessárias para praticá-las, livrar-se das coisas tem prioridade sobre adquiri-las.

Como diz o cartunista Andy Riley, do *Observer*, o que aborrece é "ler artigos sobre as maravilhas de se largar tudo, em busca de uma qualidade de vida melhor, quando ainda nem se alcançou o tudo"[1]. É preciso acelerar o "alcançar", caso se deseje provar das delícias do "largar". Preparar o local para o "largar" confere significado ao "alcançar", que se torna seu principal propósito. É pelo alívio trazido por um "largar" suave e indolor que se julga, em última instância, a qualidade do "alcançar"...

A instrução de que mais necessitam os praticantes da vida líquido-moderna (e que mais lhes é oferecida pelos especialistas nas artes da vida) não é como começar ou abrir, mas como encerrar ou fechar. Outro colunista do *Observer*, em tom meio irônico, lista as últimas regras para se "chegar ao fim" das parcerias (sem dúvida os episódios mais difíceis de serem "encerrados", principalmente aquelas em que os parceiros desejam e lutam muito para que acabem, os quais provocam, sem surpresa alguma, uma demanda particularmente ampla de ajuda de especialistas). A lista começa com: "Lembre-se das coisas ruins. Esqueça as boas"; e termina com: "Conheça outra pessoa", depois de passar por "apague toda a correspondência eletrônica". Do princípio ao fim, a ênfase recai em esquecer, apagar, desistir e substituir.

Talvez a descrição da vida líquido-moderna como uma série de *reinícios* seja um cúmplice desavisado de algum tipo de conspiração. Replicar uma ilusão compartilhada, ajuda a ocultar seu segredo mais íntimo (vergonhoso, ainda que apenas um resíduo). Talveza a forma mais adequada de narrar essa vida seja contar a história de sucessivos *finais*. E talvez a glória de uma vida líquida de sucesso seja mais bem transmitida pela invisibilidade das tumbas que assinalam seu progresso do que pela ostentação das lápides que celebram os conteúdos dessas tumbas.

Numa sociedade líquido-moderna, a indústria de remoção do lixo assume posições de destaque na economia da vida líquida. A sobrevivência dessa sociedade e o bem-estar de seus membros dependem da rapidez com que os produtos são enviados aos depósitos de lixo e da velocidade e eficiência da remoção dos detritos. Nessa sociedade, nada pode reivindicar isenção à regra universal do descarte, e nada pode ter permissão de se tornar indesejável. A constância, a aderência e a viscosidade das coisas, tanto animadas quanto inanimadas, são os perigos mais sinistros e terminais, as fontes dos temores mais assustadores e os alvos dos ataques mais violentos.

A vida numa sociedade líquido-moderna não pode ficar parada. Deve modernizar-se (leia-se: ir em frente despindo-se a cada dia dos atributos que ultrapassaram a data de vencimento, repelindo as identidades que atualmente estão sendo montadas e assumidas) ou perecer. Cutucada pelo horror da expiração, a vida na sociedade líquido-moderna não precisa mais ser empurrada pelas maravilhas imaginadas no ponto final dos trabalhos modernizantes. A necessidade aqui é correr com todas as forças para permanecer no mesmo lugar, longe da lata de lixo que constitui o destino dos retardatários.

"Destruição criativa" é a forma como caminha a vida líquida, mas o que esse termo atenua e, silenciosamente, ignora é que aquilo que essa criação destrói são outros modos de vida e, portanto, de forma indireta, os seres humanos que os praticam. A vida na sociedade líquido-moderna é uma versão perniciosa da dança das cadeiras jogada para valer. O verdadeiro prêmio nessa competição é a garantia (temporária) de ser excluído das fileiras dos destruídos e evitar ser jogado no lixo. E como a competição se torna global, a corrida agora se dá numa pista também global.

As chances mais amplas de vitória pertencem às pessoas que circulam perto do topo da pirâmide do poder global, para as quais o espaço pouco significa e a distância não é problema. Pessoas que se consideram em casa em muitos lugares, mas em nenhum deles em particular. Tão leves, lépidas e voláteis quanto o comércio e as finanças cada vez mais globais e extraterritoriais que as assistiram no parto e que sustentam sua existência de nômades. Como as descreveu Jacques Attali, "elas não possuem fábricas, terras, nem ocupam posições administrativas. Sua riqueza vem de um bem portátil: o conhecimento das leis do labirinto." Elas "adoram criar, jogar e manter-se em movimento". Vivem em uma sociedade "de valores voláteis, descuidada do futuro, egoísta e hedonista". Veem "as novidades como inovações, a precariedade como um valor, a instabilidade como imperativo, o hibridismo como riqueza".[2] Em graus variados, todas essas pessoas dominam e praticam a arte da "vida líquida": aquiescência à desorientação, imunidade à vertigem, adaptação ao estado de tontura, tolerância à falta de itinerário e direção e à duração indefinida da viagem.

Fazem o possível, nem sempre com êxito, para seguir o padrão de sucesso empresarial estabelecido por Bill Gates, que Richard Sennett descreveu como marcado pela "disposição de destruir o que já fez", "tolerância à fragmentação", "confiança de viver na desordem", "florescimento em meio ao deslocamento" e posicionamento "em uma rede de possibilidades", em vez da "paralisação" em um "emprego determinado".[3] O horizonte ideal provavelmente seria Eutrópia, uma das *Cidades invisíveis* de Ítalo Calvino, cujos habitantes, no dia em que "sentem o aperto da exaustão e não conseguem mais manter o emprego, os parentes, a casa e a vida", "mudam-se para a cidade vizinha", onde "cada um vai assumir um novo emprego, uma esposa diferente, ver outra paisagem ao abrir a janela e gastar o tempo com diferentes passatempos, amigos, bisbilhotices".[4]

Ligações frouxas e compromissos revogáveis são os preceitos que orientam tudo aquilo em que se engajam e a que se apegam. Presumivelmente dirigindo-se a essas pessoas, o anônimo colunista do *Observer* que se oculta sob o pseudônimo de Barefoot Doctor [Médico de pés descalços] aconselhou seus leitores a fazerem tudo "graciosamente". Inspirando-se em Lao Tse, o profeta oriental do alheamento e da tranquilidade, descreveu a posição existencial mais provável para se atingir esse resultado:

> Flutuando como a água, ... você vai em frente com rapidez, jamais enfrentando a corrente nem parando o suficiente para ficar estagnado ou se prender às margens ou às rochas – propriedades, situações ou pessoas que passam por sua vida –, nem tentando agarrar-se a suas opiniões ou visões de mundo, apenas se ligando ligeiramente, mas com inteligência, a qualquer coisa que se apresente enquanto você passa, e depois deixando-a ir embora graciosamente sem apegar-se ...[5]

Diante de tais competidores, os demais participantes do jogo, particularmente os que não estão ali por vontade própria, que não "gostam" de "estar em movimento" ou não podem se dar a esse luxo, têm pouca chance. Para eles, participar do jogo não é uma escolha, mas também não têm a opção de ficar de fora. Voar por entre as flores em busca da mais perfumada não é a opção deles. Estão presos a lugares em que, perfumadas ou não, as flores são raras, e assim só lhes resta, infelizmente, observar as poucas existentes se desvanecerem ou apodrecerem. A sugestão de "ligar-se ligeiramente a qualquer coisa que se apresente" e "deixá-la ir embora graciosamente" soaria a seus ouvidos, na melhor das hipóteses, como uma piada cruel, mas principalmente como um escárnio insensível.

"Ligar-se ligeiramente", contudo, é para eles uma ordem, já que, não importa o que façam, "propriedades, situações e pessoas" continuarão deslizando e desaparecendo a uma velocidade surpreendente – quer tentem ou não reduzi-la, não faz diferença. "Deixá-las ir" é um imperativo (embora, ao contrário de Bill Gates, na maioria das vezes nada prazeroso), mas se o fazem graciosamente ou com muito choro e ranger de dentes é algo que não vem ao caso. Deve-se perdoá-los por suspeitarem de alguma conexão entre aquela atraente leveza e graça ostentada pelos passantes e a feiúra, não escolhida, de sua própria inércia e impotência para se mover.

Sua indolência, de fato, não é uma escolha. A leveza e a graça acompanham a liberdade – de movimento, de escolha, de deixar de ser o que se é e de se tornar o que ainda não se é. Os que estão do lado receptor da nova mobilidade planetária não têm essa liberdade. Não podem contar com a clemência daqueles em relação aos quais prefeririam manter distância, nem com a tolerância daqueles de quem gostariam de estar mais próximos. Para eles, não há saídas sem guardas nem portas de entrada hospitaleiramente abertas. Eles são *daquele lugar*. Aqueles também são dali, ou com quem compartilham tal situação, veem esse pertencimento como um *dever* inegociável e incontestável (ainda que disfarçado em *direito* inalienável), enquanto aqueles a quem gostariam de se juntar veem tal pertencimento como um *destino* igualmente inegociável e irreversível. Uns não os deixariam sair, enquanto outros não os deixariam entrar.

Entre a partida e a chegada (improvável de um dia acontecer) está um deserto, um vazio, uma imensidão, um amplo abismo do qual só uns poucos mostrariam a coragem de saltar fora por vontade própria, sem serem empurrados. Forças centrípetas e centrífugas, de atração e repulsão, se combinam para segurar os inquietos e estancar a inquietude dos descontentes. Os suficientemente impetuosos ou desesperados a ponto de tentar desafiar as probabilidades contrárias se arriscam a enfrentar a sorte dos excluídos e rejeitados, e a pagar por sua audácia com o alto custo da miséria corporal e do trauma psíquico – preço que só uns poucos escolheriam pagar por vontade própria, sem serem forçados. Andrzej Szahaj, um analista bastante perspicaz da profunda desigualdade de oportunidades que caracteriza o jogo das identidades contemporâneas, chega a ponto de sugerir que a decisão de abandonar a comunidade de pertencimento é, em casos bastante numerosos, inimaginável. Ele prossegue relembrando seus incrédulos leitores ocidentais de que no passado remoto da Europa, como por exemplo na Grécia antiga, ser exilado da pólis era visto como a punição maior, de fato, como a pena capital.[6] Pelo menos os antigos tinham sangue-frio e preferiam a conversa franca. Mas os milhões de *sans-papier*, expatriados, refugiados, exilados, em busca de asilo ou de pão e água dos nossos dias, dois milênios depois, teriam pouca dificuldade em se reconhecer nessa história.

Nos dois extremos da hierarquia (e no corpo principal da pirâmide, presas entre eles num dilema), as pessoas são atormentadas pelo problema da identidade. No topo, o problema é escolher o melhor padrão entre os muitos atualmente em oferta, montar as partes do kit vendidas separadamente e apertá-las de uma forma que não seja nem muito frouxa (para que os pedaços feios, defasados e envelhecidos que deveriam ser escondidos embaixo não apareçam nas costuras) nem muito apertada (para que a colcha de retalhos não se desfaça de uma vez quando chegar a hora do desmantelamento, o que certamente acontecerá). No fundo, o problema é apegar-se firmemente à única identidade disponível e manter juntos seus pedaços e partes enquanto se enfrentam as forças erosivas e as pressões dilaceradoras, consertando os muros que vivem desmoronando e cavando trincheiras cada vez mais fundas. Para todos os outros suspensos entre os extremos, o problema é uma mistura das duas coisas.

Andrzej Stasiuk alude ao perfil que Joseph Brodsky traçou de nossos contemporâneos materialmente ricos, mas espiritualmente pobres, famintos e cansados – como os moradores de Eutrópia, de Calvino – de tudo de que até agora desfrutaram, como ioga, budismo, zen, contemplação, maoísmo. Estes mesmos que começam a pesquisar, com a ajuda da tecnologia de última geração, os mistérios do sufismo, da cabala ou do sunismo para alimentar seu desejo de desejar. Stasiuk – um dos mais perspicazes analistas das culturas contemporâneas e descontentes – desenvolve a partir daí uma tipologia do "lumpem proletariado espiritual". E sugere que suas fileiras se expandem com rapidez, enquanto seus tormentos se liquefazem em profusão, escorrendo de cima para baixo e espessando as camadas cada vez mais saturadas da pirâmide social.[7]

Os afetados pelo vírus do "lumpem proletariado espiritual" vivem no presente e pelo presente. Vivem para sobreviver (tanto quanto possível) e para obter satisfação (o máximo possível). Como o mundo não é sua terra natal nem sua propriedade (tendo-se livrado do fardo da herança, sentem-se livres, mas de alguma forma deserdados, privados de alguma coisa ou traídos por alguém), não veem problema algum em explorá-lo a seu bel-prazer. Essa exploração não parece mais odiosa do que roubar de volta o que já fora roubado.

Achatados no eterno presente e cheios até a borda de preocupações relacionadas à sobrevivência e à gratificação (é gratificante sobreviver, e o propósito da sobrevivência é obter mais gratificação), o mundo habitado por "lumpem proletários espirituais" não deixa espaço para inquietações sobre qualquer outra coisa senão o que pode ser, ao menos em princípio, consumido e saboreado instantaneamente, aqui e agora.

A eternidade é rejeitada. Mas não a infinitude. Enquanto esta durar, o presente permanece, o dia de hoje pode se esticar para além de qualquer limite e acomodar tudo aquilo que um dia se almejou vivenciar apenas na plenitude do tempo. Nas palavras de Stasiuk, "é altamente provável que a quantidade de seres digitais, de celulóide e outros análogos que se encontram no curso de uma vida corpórea se aproxime do volume que a vida eterna e a ressurreição da carne podiam oferecer". Graças à almejada infinitude experiências mundanas ainda por vir, a eternidade talvez não deixe saudade; talvez nem se chegue a notar sua perda.

Velocidade, e não duração, é o que importa. Com a velocidade certa, pode-se consumir toda a eternidade do presente contínuo da vida terrena. Ou pelo menos é isso que o "lumpem proletariado espiritual" tenta e espera alcançar. O truque é comprimir a eternidade de modo a ajustá-la, inteira, à duração de uma existência individual. A incerteza de uma vida mortal em um universo imortal foi finalmente resolvida: agora é possível parar de se preocupar com as coisas eternas sem perder as maravilhas da eternidade. Com efeito, ao longo de uma vida mortal é possível extrair tudo aquilo que a eternidade poderia oferecer. Talvez não se possa eliminar a restrição temporal da vida mortal, mas podem-se remover (ou pelo menos tentar) todos os limites das satisfações a serem vividas antes que se atinja o outro limite, o irremovível.

No mundo passado, onde o tempo caminhava bem mais lentamente e resistia à aceleração, as pessoas tentavam fechar o torturante fosso entre a pobreza de uma vida curta e mortal e a riqueza infinita do universo eterno com esperanças de reencarnação ou ressurreição. Em nosso mundo, que não conhece nem admite limites à aceleração, tais esperanças podem muito bem ser descartadas. Se alguém se move com rapidez suficiente e não se detém para olhar para trás e contar os ganhos e perdas, pode continuar comprimindo um número cada vez maior de vidas no tempo de duração da existência mortal, talvez tantas quantas a eternidade permitir. Para que mais serviriam os irreprimíveis, compulsivos e obsessivos recondicionamentos, restaurações, reciclagens, revisões e reconstituições da identidade senão para agir de acordo com essa crença? Afinal, a "identidade", tal como costumavam ser a reencarnação e a ressurreição dos velhos tempos, se refere à possibilidade de "renascer", de deixar de ser o que é para se transformar em alguém que não é.

A boa notícia é que a substituição das preocupações com a eternidade pelo alvoroço da reciclagem identitária vem acompanhada de ferramentas patenteadas e prontas para uso, do tipo faça-você-mesmo, que prometem tornar o trabalho rápido e eficiente, sem a necessidade de habilidades especiais e com pouca dificuldade, se é que há alguma. O autossacrifício e a autoimolação, insustentavelmente longos e implacavelmente "autopungentes" e "autodomesticantes", esperam uma gratificação interminável e revelam virtudes que parecem exceder a capacidade de resistência. Todos aqueles custos exorbitantes das antigas terapias não são mais necessários. Em seu lugar, cairão muito bem as novas e aperfeiçoadas dietas, os aparelhos de ginástica, as mudanças de papel de parede, os tacos no lugar de carpetes (ou vice-versa), a troca de uma minivan por um jipe (ou o contrário), de uma camiseta por uma blusa, de vestidos ou forros de sofá monocromáticos por outros ricamente coloridos, o aumento ou a redução dos seios, as trocas de tênis e de marcas de bebidas, as rotinas diárias adaptadas à última moda e a adoção de um vocabulário surpreendentemente novo para expressar publicamente confissões íntimas... E, como último recurso, no horizonte extremamente distante, assombram as maravilhas da modificação genética. Não importa o que aconteça, não há necessidade de desespero. Se todas essas varinhas-mágicas se revelarem insuficientes ou, apesar de toda a benevolência em relação ao consumidor, se mostrarem embaraçosas ou lentas demais, existem as drogas que prometem uma visita instantânea, ainda que breve, à eternidade (felizmente com outras drogas que garantem o bilhete de volta).

A vida líquida é uma vida de consumo. Ela projeta o mundo e todos os seus fragmentos animados e inanimados como objetos de consumo, ou seja, objetos que perdem a utilidade (e portanto o viço, a atração, o poder de sedução e o valor) enquanto são usados. Molda o julgamento e a avaliação de todos os fragmentos animados e inanimados do mundo segundo o padrão dos objetos de consumo.

Esses objetos têm uma expectativa de vida útil limitada e, uma vez que tal limite é ultrapassado, se tornam impróprios para o consumo, já que "ser adequado para o consumo" é a única característica que define sua função. Eles são totalmente impróprios e inúteis. Por serem impróprios, devem ser removidos do espaço da vida de consumo (destinados à biodegradação, incinerados ou transferidos aos cuidados das empresas de remoção de lixo) a fim de abrir caminho para outros objetos de consumo ainda não utilizados.

Para se livrar do embaraço de ser deixado para trás, de ficar preso a algo com o qual ninguém mais quer ser visto, de ser pego cochilando e de perder o trem do progresso em vez de viajar, deve-se ter em mente que é da natureza das coisas exigir vigilância, não lealdade. No mundo líquido-moderno, a lealdade é motivo de vergonha, não de orgulho. Conecte-se a seu provedor de internet de manhã bem cedo e a principal notícia do dia vai lembrá-lo daquela verdade nua e crua: "Com vergonha de seu celular? Será que este é tão velho que você fica envergonhado ao atender a uma chamada? Faça um *upgrade* para um aparelho do qual você possa se orgulhar." O lado negativo da ordem de "fazer um *upgrade*" para celular "*consumidoristicamente* correto" é com certeza a exigência de não voltar a ser visto portando aquele para o qual você fez um *upgrade* da última vez.

O lixo é o principal e comprovadamente o mais abundante produto da sociedade líquido-moderna de consumo. Entre as indústrias da sociedade de consumo, a de produção de lixo é a mais sólida e imune a crises. Isso faz da remoção do lixo um dos dois principais desafios que a vida líquida precisa enfrentar e resolver. O outro é a ameaça de ser jogado no lixo. Em um mundo repleto de consumidores e produtos, a vida flutua desconfortavelmente entre os prazeres do consumo e os horrores da pilha de lixo. A vida talvez seja sempre um "viver-para-a-morte", mas, para os que vivem na líquida sociedade moderna, a perspectiva de "viver-para-o-depósito-de-lixo" pode ser a preocupação mais imediata e consumidora de energia e trabalho.

Para o habitante da sociedade líquido-moderna, toda ceia, ao contrário daquela citada por Hamlet em resposta à pergunta do rei sobre o paradeiro de Polonius, é uma ocasião "em que ele come" e "é comido".[8] Não há mais uma separação entre os dois atos. "E" foi substituído por "e/ou". Na sociedade dos consumidores, ninguém pode deixar de ser um objeto de consumo. E não apenas das larvas, e não somente no finalzinho da vida de consumo. Nos tempos líquido-modernos, Hamlet provavelmente modificaria a regra shakespeareana, negando às larvas um papel privilegiado no consumo dos consumidores. Talvez começássemos, como o Hamlet original, afirmando que "nós engordamos todas as outras criaturas para engordarmos. E nós engordamos ..." então concluiria: "para engordar outras criaturas".

"Consumidores" e "objetos de consumo" são polos conceituais de um *continuum* ao longo do qual todos os membros da sociedade de consumidores se situam e se movem de um lado para outro diariamente. Alguns podem ser colocados por mais tempo bem perto do polo das mercadorias. Nenhum consumidor, no entanto, pode estar plena e verdadeiramente seguro de que não cairá perto, desconfortavelmente perto, de suas cercanias. Só como mercadorias, só se forem capazes de demonstrar seu próprio valor de uso, é que os consumidores podem ter acesso à vida de consumo. Na vida líquida, a distinção entre consumidores e objetos de consumo é frequentemente momentânea e efêmera – e sempre condicional. Podemos dizer que a regra aqui é a reversão de papéis, embora mesmo essa afirmação distorça a realidade da vida líquida, na qual os dois papéis se interligam, se misturam e se fundem.

Não está claro qual dos dois fatores (a atração do polo "consumidor" ou a repulsão do polo do "lixo") é a força motora mais poderosa da vida líquida. Ambos decerto ajudam a modelar a lógica do dia a dia e, aos pouquinhos, episódio por episódio do itinerário dessa vida. O medo intensifica o desejo. Não importa a atenção com que se focalizem seus objetos imediatos. O desejo não consegue deixar de se manter a par – consciente, semiconsciente ou subconscientemente – do outro risco terrível que paira sobre seu vigor, determinação e engenhosidade. Não importa a intensidade com que se concentre no *objeto* do desejo. O olho do consumidor não pode deixar de dar uma espiada no valor de mercadoria do *sujeito* que deseja. Vida líquida significa constante autoexame, autocrítica e autocensura. A vida líquida alimenta a insatisfação do eu *consigo mesmo*.

A crítica é autorreferente e voltada para dentro. E também o é a reforma que essa autocrítica exige e estimula. É em nome dessa reforma que olha e se dirige para dentro que o mundo exterior é depredado, saqueado e devastado. A vida líquida dota o mundo exterior – na verdade, tudo no mundo que não é parte do "eu" – de um valor basicamente instrumental. Privado de um valor próprio, ou tendo este lhe sido negado, esse mundo extrai todo o seu apreço do serviço prestado à causa da autorreforma, e é por sua contribuição à autorreforma que o mundo e cada um de seus elementos são avaliados. As partes do mundo impróprias para o serviço, ou não mais capazes de realizá-lo, tornam-se irrelevantes e desassistidas, ou são descartadas e varridas para longe. Essas partes são apenas os detritos do zelo autorreformista, e a lata de lixo é seu destino natural. Pela lógica da vida líquida, preservá-las seria irracional. Para o próprio bem dessas partes, não se pode defender nem provar seu direito de serem preservadas pela lógica da vida líquida.

É por isso que o advento da sociedade líquido-moderna significou a morte das principais utopias sociais e, de modo mais geral, da ideia de "boa sociedade". Se a vida líquida estimula algum interesse pela transformação social, a reforma defendida tem como principal objetivo empurrar a sociedade em direção à rendição de todas as suas pretensões a um valor próprio, com exceção do valor de uma força policial para preservar a segurança dos "eus" que se autorreformam. Empurram-na também para a aceitação e o entrincheiramento do princípio da compensação, que é uma versão política da "garantia do seu dinheiro de volta", caso o policiamento fracasse ou seja considerado ineficaz. Até a recente preocupação com o meio ambiente deve sua popularidade à percepção de um vínculo entre o uso predatório dos espaços planetários e as ameaças ao fluxo suave das atividades autocentradas da vida líquida.

A tendência é autossustentável e autorrevigorante. O foco na autorreforma se autoperpetua do mesmo modo que a falta de interesse e a desatenção com relação aos aspectos comuns da vida, que resistem à total transposição para os alvos atuais da autorreforma. A desatenção à vida em comum impede a possibilidade de renegociar as condições que tornam líquida a vida individual. O sucesso da busca da felicidade, propósito declarado e motivo supremo da vida individual, continua a ser desafiado pela própria forma de obtê-la (a única forma pela qual ela pode ser buscada no ambiente líquido-moderno). A infelicidade resultante justifica e revigora a política de vida autocentrada. Seu produto final é a perpetuação da liquidez da existência. A sociedade líquido-moderna e a vida líquida estão trancadas num verdadeiro moto-contínuo.

Uma vez posto em movimento, esse moto-contínuo não para de girar. As perspectivas de pará-lo, já reduzidas pela natureza da engenhoca, se reduzem ainda mais graças à surpreendente capacidade desse mecanismo autopropulsor de absorver e assimilar as tensões e fricções que ele mesmo gera, e de utilizá-las em seu proveito. De fato, ao capitalizar a demanda por alívio ou cura que as tensões incitam, ele consegue empregá-las como um combustível de alta qualidade que mantém seus motores em funcionamento.

Uma resposta comum dada a mau comportamento, conduta inadequada ou que leva a resultados indesejáveis é a educação ou reeducação: instilar nos estudantes alguma nova motivação, desenvolver diferentes vocações e treiná-los para novas habilidades. A finalidade da educação nesses casos é contestar o impacto das experiências do dia a dia, enfrentá-las e por fim desafiar as pressões que surgem do ambiente social. Mas será que a educação e os educadores estão à altura da tarefa? Serão eles capazes de resistir à pressão? Conseguirão evitar a arregimentação pelas mesmas pressões que deveriam confrontar? Essa pergunta tem sido feita desde sempre e repetidamente respondida de forma negativa pelas realidades da vida social. E ressurge, no entanto, igualmente forte, após cada calamidade que sucede. A esperança de usar a educação como uma alavanca de força suficiente para desestabilizar e finalmente desalojar as pressões dos "fatos sociais" parece imortal e ao mesmo tempo vulnerável...

De qualquer modo, a esperança está viva e passa bem. Henry A. Giroux dedicou muitos anos a intensos estudos sobre as chances da "pedagogia crítica" numa sociedade resignada diante dos poderes esmagadores do mercado. Numa recente conclusão, deduzida em cooperação com Susan Searls Giroux, ele reafirma a esperança dos velhos tempos:

> Em oposição à acomodação, privatização e comercialização de tudo que é educacional, a educação superior precisa ser definida como um recurso crucial para a vida cívica e democrática da nação. O desafio, portanto, é professores, atores culturais, estudantes e sindicalistas se juntarem e se oporem à transformação da educação superior numa esfera comercial...[9]

Em 1989, Richard Rorty definiu como objetivos desejáveis e realizáveis dos educadores as tarefas de "agitar os garotos" e instigar "dúvidas nos estudantes sobre as imagens que eles têm de si e da sociedade à qual pertencem".[10] Obviamente, nem todos os que exercem o papel de educador aceitarão o desafio e adotarão esses objetivos como seus. Os gabinetes e corredores das universidades estão cheios de dois tipos de pessoas – alguns "conformados aos critérios já bem definidos para dar contribuições ao conhecimento"; outros que tentam "expandir sua imaginação moral" e ler livros "para ampliar a compreensão do que é possível e importante – seja para eles próprios como indivíduos seja para a sociedade". O apelo de Rorty se dirige ao segundo tipo de pessoa, já que suas esperanças estão apenas nessa categoria. E ele sabe muito bem quais são as desvantagens que terão de ser enfrentadas pelo professor capaz de responder ao toque do clarim. "Não podemos dizer aos conselhos diretores, às comissões governamentais etc. que nossa função é agitar, fazer a sociedade se sentir culpada e mantê-la desequilibrada." Ou, na verdade (como ele sugere em outro trabalho), que à educação superior "também não cabe apontar o que é certo ou provocar sua manifestação. Em vez disso, é uma questão de incitar a dúvida e estimular a imaginação desafiando desse modo o consenso prevalecente".[11] Há uma tensão entre a retórica e o sentido de missão intelectual. Essa tensão "deixa a academia em geral, e os intelectuais humanistas em particular, vulneráveis aos caçadores de heresias". Uma vez que as mensagens contrárias dos que promovem o conformismo contam com o apoio poderoso da opinião governante e das experiências cotidianas do senso comum, podemos acrescentar que isso também transforma os "intelectuais humanistas" em alvos fáceis para os defensores do fim da história, da escolha racional, das políticas existentes do tipo "não há alternativa" e de outras fórmulas que tentam segurar e transmitir o atual e defendido ímpeto de uma dinâmica social aparentemente invencível. Isso provoca ataques de irrealismo, utopia, pensamento positivo, fantasias e, acrescentando o insulto à injúria, numa odiosa reversão da verdade ética, de irresponsabilidade.

As possibilidades adversas podem ser esmagadoras. E, no entanto, uma sociedade democrática (ou, como diria Cornelius Castoriadis, autônoma) não conhece substituto para a educação e a autoeducação como formas de influenciar a mudança de eventos que podem ser enquadrados em sua própria natureza. Ao mesmo tempo, essa natureza não pode ser preservada por muito tempo sem uma "pedagogia crítica" – quando a educação afia sua aresta crítica, "fazendo a sociedade se sentir culpada" e "agitando as coisas" por meio da perturbação das consciências. Os destinos da liberdade, da democracia que a torna possível – ao mesmo tempo que é possibilitada por ela – e da educação que produz a insatisfação com o nível de liberdade e democracia até aqui atingido são inextricavelmente ligados e não podem ser separados um do outro. Pode-se ver essa conexão íntima como outra espécie de círculo vicioso – mas é nesse círculo, e só nele, que as esperanças humanas e as chances da humanidade se inserem.

Este livro é uma coletânea de ideias sobre vários aspectos da vida líquida, a vida que se leva em uma sociedade líquido-moderna. A coletânea não pretende ser completa. Mas espera-se que cada um dos aspectos analisados ofereça uma janela para a realidade que compartilhamos nos dias de hoje, assim como para as ameaças e possibilidades que essa realidade traz para as perspectivas de tornar o mundo humano um pouco mais hospitaleiro para a humanidade.

· 1 ·

O indivíduo sitiado

Brian, o herói cujo nome compõe o título do filme da série Monty Python, furioso por ter sido proclamado o Messias e ser acompanhado aonde quer que fosse por uma horda de adoradores, em vão fez o possível para convencer seus seguidores a pararem de se comportar como um rebanho de ovelhas e se dispersarem. "Todos vocês são indivíduos!", gritou. "Nós somos indivíduos!", respondeu devidamente em uníssono o coro dos devotos. Só uma longínqua voz solitária objetou: "Eu não sou..." Brian tentou outro argumento. "Vocês têm de ser diferentes!", gritou. "Sim, todos nós somos diferentes", concordou o coro, extasiado. Mais uma vez, só uma voz contestou: "Eu não sou..." Ouvindo isso, a multidão olhou em volta com irritação, ávida por linchar o dissidente assim que o encontrasse em meio à massa de pessoas parecidas.

Essa pérola satírica contém tudo – todo o irritante paradoxo, ou aporia, da individualidade. Pergunte a quem quiser o que significa ser um indivíduo, e a resposta, venha ela de um filósofo ou de uma pessoa que nunca se preocupou em saber ou nunca ouviu falar do que os filósofos vivem, será muito semelhante: ser um indivíduo significa ser *diferente* de todos os outros. Ocasionalmente, um eco distante da autoapresentação de Deus a Moisés poderá reverberar na resposta: ser um indivíduo significa "eu sou quem eu sou". O que quer dizer: um ser ímpar, a única criatura feita (ou, como Deus, autoconstruída) desta forma peculiar; tão profundamente única que a singularidade não pode ser descrita por meio de palavras que possam ter mais de um significado.

Mas a questão é que são exatamente os mesmos "outros", dos quais não podemos deixar de ser diferentes, que cutucam, pressionam e forçam a pessoa a diferir. É nessa companhia chamada "sociedade", da qual você não é nada mais que um dos membros, que aquelas tantas pessoas à sua volta, conhecidas e desconhecidas, esperam de você e de todos os outros que você conhece ou de quem já ouviu falar que forneçam provas convincentes de serem um "indivíduo", de terem sido feitos ou autoconstruídos para serem "diferentes dos demais". No que se refere a essa obrigação de discordar e diferir, ninguém pode ousar discordar ou diferir.

Numa sociedade de indivíduos, cada um *deve* ser um indivíduo. A esse respeito, pelo menos, os membros dessa sociedade são tudo, menos indivíduos diferentes ou únicos. São, pelo contrário, estritamente *semelhantes* a todos os outros pelo fato de terem de seguir a mesma estratégia de vida e usar símbolos comuns – comumente reconhecíveis e legíveis – para convencer os outros de que assim estão fazendo. Na questão da individualidade, não há escolha individual nem dilema do tipo "ser ou não ser".

Paradoxalmente, a "individualidade" se refere ao "espírito de grupo" e precisa ser imposta por um conjunto. Ser um indivíduo significa ser *igual* a todos no grupo – na verdade, *idêntico* aos demais. Em tais circunstâncias, quando a individualidade é um "imperativo universal" e a condição de todos, o único ato que o faria diferente e portanto genuinamente individual seria tentar – de modo desconcertante e surpreendente – *não ser* um indivíduo. Ou seja, se você conseguir realizar esse feito, e se puder sujeitar-se às (altamente desagradáveis) consequências...

Essa é uma incerteza espantosa, se é que existe alguma incerteza! Não admira que a impressionante necessidade de individualidade nos mantenha ocupados de dia e acordados à noite... A perplexidade não é apenas espantosa: não é somente uma contradição lógica – dessas que são próprias dos filósofos e os preocupam. Os filósofos são conhecidos por se enfurecer sempre contra qualquer tipo de absurdo e inconsistência com os quais as pessoas comuns, de menor disposição filosófica, conseguem viver em paz, mal notando a sua presença, ou mal se preocupando quando os percebem. A perplexidade aqui discutida é uma tarefa profundamente *prática*, cuja realização preenche nossa vida, por assim dizer, do berço ao túmulo. Numa sociedade de indivíduos – nossa "sociedade individualizada" –, exige-se que todos sejam indivíduos, e de fato é isso que nós desejamos e tentamos.

Já que ser um indivíduo comumente se traduz por "ser diferente dos outros" – e é do "eu" que se espera destaque – a tarefa parece intrinsecamente autorreferenciada. Parece que quase não temos escolha senão buscar um indício de como se aprofundar cada vez mais no "interior" de nós mesmos, aparentemente o nicho mais privado e protegido num mundo de experiências parecido com um bazar lotado e barulhento. Eu procuro meu "verdadeiro eu" que suponho estar escondido em algum lugar da obscuridade do meu eu *prístino*, não afetado (não poluído, não suprimido, não deformado) pelas pressões externas. Eu traduzo o ideal de "individualidade" como *autenticidade*, como "ser fiel a mim mesmo", ser o "verdadeiro eu". Tento realizar uma espécie de "insight fenomenológico" ao estilo de Husserl, embora simples e mal-acabado, em minha "subjetividade" genuinamente "transcendental", verdadeira e inalterada – por meio do esforço angustiante da "redução fenomenológica", ou seja, "deixando para trás", suspendendo, cortando ou eliminando qualquer corpo estranho que se possa considerar importado do mundo exterior.

E assim ouvimos com especial atenção as agitações internas de nossas emoções e de nossos sentimentos. Esse parece ser um procedimento sensato. Os sentimentos, ao contrário da razão, neutra, imparcial, compartilhada universalmente, ou pelo menos "compartilhável", são meus e apenas meus, não são "impessoais".

Como não podem ser transmitidos numa linguagem "objetiva" (pelo menos não totalmente, não para a plena satisfação nossa e de nossos ouvintes) nem ser compartilhados com outras pessoas de modo completo, sem resíduos, os sentimentos parecem o hábitat natural de tudo que é totalmente privado e individual. Inerentemente subjetivos, eles são o próprio epítome da "singularidade".

Com diligência aguçamos o ouvido para as vozes de "dentro", e ainda assim é difícil ficarmos real ou plenamente convencidos, além de qualquer dúvida razoável, de que as vozes não foram mal-interpretadas e de que ouvimos o suficiente para tomar uma decisão e estabelecer um veredicto. Obviamente, precisamos que alguém nos ajude a entender o que ouvimos, mesmo que apenas para garantir que nossas percepções estão corretas. Querer é poder. E quando existe demanda, a oferta não demora a aparecer. Em nossa sociedade de indivíduos que buscam desesperadamente sua individualidade, não há escassez de auxílios, consagrados ou autoproclamados, que (pelo preço certo, é claro) se mostrarão totalmente dispostos a nos guiar pelos calabouços sombrios de nossas almas, onde os nossos autênticos "eus" permanecem supostamente aprisionados, lutando para escapar em busca da luz.

Mas quando encontramos esses auxílios e solicitamos (pagando) seus serviços, nossos problemas não acabam. Na verdade, parece que ficam maiores e mais preocupantes. Charles Guignon recentemente resumiu as delícias e alegrias dessas excursões guiadas de autodescoberta:

> Os programas voltados para ajudar as pessoas a entrar em contato com seus verdadeiros "eus", supostamente motivados por ideais emancipatórios, muitas vezes têm como efeito pressioná-las a pensar de maneira a confirmar a ideologia dos criadores desses mesmos programas. Assim, muitos dos que começam pensando que suas vidas são vazias ou sem direção acabam perdidos na estrutura de pensamento de determinado programa ou no sentimento de que "nunca somos bons o bastante", não importa o que façamos.[1]

Com muita frequência, a viagem de autodescoberta termina numa feira global em que receitas de individualidade são vendidas no atacado – "você nunca vai encontrar outra melhor" – e onde todos os kits de montar exibidos nas vitrines são fabricados em massa, segundo o último modelo da moda. O que então se evidencia, de forma enfurecida, é que os traços menos comuns – realmente individuais – do "eu" só têm valor reconhecido depois de convertidos à moeda atualmente mais comum e portanto mais usada.

Em suma, como um ato de emancipação pessoal e de autoafirmação, a individualidade parece carregar uma inata *aporia*: uma contradição *insolúvel*. Precisa da sociedade simultaneamente como berço e como destino. Qualquer pessoa que procure sua individualidade ao mesmo tempo que esquece, rejeita ou menospreza a sóbria/sombria verdade se arrisca a enfrentar muita frustração. *A individualidade é uma tarefa que a sociedade dos indivíduos estabelece para seus membros* – como tarefa individual, a ser realizada individualmente por indivíduos que usam recursos individuais. E, no entanto, essa tarefa é contraditória e frustrante: na verdade, é impossível realizá-la.

Juntamente com o desafio da individualidade, contudo, a sociedade dos indivíduos fornece a seus membros os meios de conviver com essa impossibilidade – ou, em outras palavras, de fechar os olhos à essencial e incurável impossibilidade da tarefa, ainda que o lote das tentativas fracassadas continue crescendo e se torne cada vez mais denso.

O termo "indivíduo" apareceu no pensamento da sociedade (ocidental) no século XVII, no limiar da Era Moderna. Representava uma tarefa – embora o nome atribuído não sugira isso diretamente; derivado do latim, implicava antes de tudo (tal como o grego "á-tomo") um atributo de *indivisibilidade*. Referia-se unicamente ao fato, bastante trivial, de que, se toda a população humana fosse dividida em partes constituintes cada vez menores, não conseguiriam ir além de uma única pessoa: um simples ser humano é a menor unidade a qual ainda se pode atribuir a qualidade de "humanidade", da mesma forma que o átomo de oxigênio é a menor unidade a qual se pode atribuir a qualidade desse elemento químico. Em si mesmo, o nome não estipulava a *singularidade* de seu portador (átomos do mesmo elemento são, afinal, indistinguíveis). O caráter da "singularidade", de "ser diferente dos outros" (*l'ipseité* de Paul Ricoeur), embora permaneça, reconhecidamente, o mesmo com o passar do tempo (*la mêmeté* de Ricoeur), deve ter se acrescentado ao campo semântico do termo a partir de uma reflexão posterior – como forma de interpretação e reflexão dos contextos em que seus usos sociais foram estabelecidos e permaneceram enclausurados.

Tais adições vieram depois. Mas, ao chegar, não tardaram a assumir e colonizar todo o espaço semântico do termo, marginalizando, se não expulsando totalmente, os antigos habitantes. Quando hoje se ouve a palavra "indivíduo", dificilmente se pensa em "indivisibilidade", se é que se chega a pensar nisso. Pelo contrário, "indivíduo" (tal como o átomo da físico-química) se refere a uma estrutura complexa e heterogênea com elementos notoriamente separáveis, mantidos juntos numa unidade precária e bastante frágil por uma combinação de gravitação e repulsão de forças centrípetas e centrífugas, num equilíbrio dinâmico, mutável e continuamente vulnerável. A ênfase recai mais fortemente no autorrefreamento desse agregado, complexo – e na tarefa de reduzir os recorrentes choques entre elementos heterônomos e trazer uma certa harmonia a essa estonteante variedade. Também recai na necessidade de realizar essa tarefa *dentro* do agregado, com as ferramentas *internamente* disponíveis. Hoje em dia, "individualidade" significa em primeiro lugar a *autonomia* da pessoa, a qual, por sua vez, é percebida simultaneamente como direito e dever. Antes de mais nada, a afirmação "Eu sou um indivíduo" significa que sou responsável por meus méritos e meus fracassos, e que é *minha* tarefa cultivar os méritos e reparar os fracassos.

Como *tarefa*, a individualidade é o produto final de uma transformação *societária* disfarçada de descoberta *pessoal*. No estágio inicial dessa transformação, o jovem Karl Marx, ainda no colégio, observou numa redação que mosquitos buscavam a luz da lâmpada doméstica após o pôr do sol. Com efeito, o fascínio das lâmpadas domésticas aumentava à medida que o mundo lá fora escurecia. O emergir da individualidade assinalou um progressivo enfraquecimento, a desintegração ou destruição da densa rede de vínculos sociais que amarrava com força a totalidade das atividades da vida. Assinalou também que a comunidade estava perdendo o poder – e/ou interesse – de regular normativamente a vida de seus membros. Mais precisamente, assinalou que, não sendo mais *an sich* (nos termos de Hegel) nem *zuhanden* (como diria Heidegger), a comunidade havia perdido a antiga capacidade de fazer rotineiramente o trabalho de regulação de modo trivial e sem embaraço. Tendo perdido essa habilidade, veio à tona, como um *problema*, a questão de moldar e coordenar as ações humanas, considerando-as um tema de ponderação e preocupação, e um objeto de escolha, decisão e esforço direcionado. Progressivamente, os padrões da rotina diária foram deixando de ser vistos como incontestáveis e autoevidentes. O mundo da vida cotidiana estava perdendo sua autoevidência e a "transparência" de que havia usufruído no passado, quando os itinerários existenciais eram livres de encruzilhadas e de obstáculos a serem evitados, negociados ou forçados.

Jangadeiros que descem o rio sobre troncos de árvores só fazem seguir a corrente. Não precisam de bússola – ao contrário de marinheiros em mar aberto, que não navegam sem uma. Os jangadeiros se deixam levar pela força do rio, ocasionalmente auxiliando-a com os remos ou afastando a jangada das rochas e cachoeiras, evitando bancos de areia e margens pedregosas. Os marinheiros, porém, estariam perdidos se confiassem sua trajetória ao sabor dos ventos e às mudanças das correntes. Eles não podem deixar de *controlar* os movimentos do barco. Devem decidir para onde ir e por isso precisam de uma bússola que lhes diga quando e onde virar com o intuito de chegar ao destino.

A ideia de "indivíduo" autoconstruído representou uma necessidade desse tipo quando os modernos marinheiros tomaram o lugar dos jangadeiros pré-modernos. Com a comunidade em retirada e seu sistema imunológico – destinado a evitar a contaminação por problemas – se transformando ele mesmo num problema, não era mais possível continuar cego e surdo à *escolha* da direção e à *necessidade* de manter-se no caminho. A "forma como são as coisas" virou "a forma como as coisas devem ser feitas". A sociedade (essa "comunidade *imaginada*" que substituiu a comunidade oculta em sua própria luz ofuscante, ou um ambiente social que não precisava usar a imaginação a serviço da vigilância, nem teria sobrevivido a esse uso) representava a nova *necessidade* (sem opção) como um *direito* humano (duramente conquistado).

Ao contrário da "comunidade" (uma totalidade que recebeu esse nome retrospectivamente, no exato momento em que um novo arranjo, denominado "sociedade", lutava para preencher a brecha normativa deixada por sua retirada), os novos poderes normativos ("societários", e não "comunais") se confinaram amplamente a ordenar um espaço social que só poderia ser abraçado com a ajuda da imaginação. Ficou fora de suas preocupações o domínio das relações interpessoais, o microespaço da proximidade e do face a face. Dentro desse microespaço, as ferramentas utilizáveis e eficazes na interação interpessoal agora podiam ser livremente empregadas na atividade de "socializar", ou seja, nas interações humanas do dia a dia, estabelecendo e revogando compromissos entre pessoas e atando ou desatando laços humanos, assim como escolhendo uma estratégia a ser empregada na realização dessas tarefas.

Nesse domínio do face a face, a individualidade é afirmada e renegociada diariamente na atividade contínua da interação. Ser um "indivíduo" é aceitar uma responsabilidade inalienável pela direção e pelas consequências da interação. Tal responsabilidade não pode ser seriamente preenchida, a menos que os atores tenham o direito presumido de escolher livremente o caminho a seguir. A "livre escolha" pode ser uma *ficção*, como os sociólogos têm declarado incansavelmente desde o nascimento da sociologia. Mas a presunção do direito de escolher livremente transforma essa ficção numa realidade do *Lebenswelt* – num "fato social" durkheimiano, "real" no sentido de uma pressão esmagadora equipada com recompensas irresistíveis, que não pode ser eliminada pelo desejo ou pela argumentação, muito menos rechaçada ou ignorada impunemente. Quer a escolha seja livre ou não, o preceito de escolher livremente e de definir todas as ações como resultados desta escolha não é, com toda a certeza, uma questão individual. Na sociedade de indivíduos, todos e cada um de nós somos indivíduos – *de jure*, ou seja, indivíduos por lei: a lei escrita, mas também sua variedade não escrita, e não menos poderosa por causa disso – pela pressão difusa, mas contínua, esmagadora e irresistível do "fato social".

Embora o direito e o dever da livre escolha sejam premissas tácitas ou reconhecidas da individualidade, eles não são suficientes para assegurar que o *direito* a essa escolha possa ser usado. Portanto, a prática da individualidade não necessariamente corresponde ao padrão imposto pelo *dever* da livre escolha. Na maior parte do tempo, em alguma ou em várias situações, muitos homens e mulheres consideram que a prática da livre escolha está fora de alcance.

Jeremy Seabrook descreveu em cores vivas o destino dos pobres globais, nos dias de hoje tantas vezes expulsos de sua terra e forçados a buscar sobrevivência nas favelas que crescem a cada dia na megalópole mais próxima: "A pobreza global está em fuga. Não porque seja expulsa pela riqueza, mas porque foi expulsa de uma hinterlândia exaurida e transformada."

> A terra que cultivavam, viciada em fertilizantes e pesticidas, não mais fornecia um excedente a ser vendido no mercado. O ar está contaminado, os canais de irrigação, assoreados; a água, poluída e

imprópria para beber. ... A terra foi tomada pelo governo para a construção de um *resort* litorâneo, um campo de golfe ou, sob a pressão dos planos de ajuste estrutural, para exportar mais produtos agrícolas. ... Os prédios das escolas carecem de manutenção. O posto de saúde fechou. As florestas, onde as pessoas colhiam madeira, frutas e bambu para consertos domésticos, se tornaram zonas proibidas, vigiadas por homens a soldo de alguma empresa semimilitar privada.[2]

Os heróis da história de Seabrook estão exilados no ponto extremo da escala ao longo da qual são colocados todos os seres humanos em nossa sociedade progressivamente individualizada. São membros da "subclasse global" que "carregaram suas trouxas para cidades hostis da Ásia, África e América Latina". E assim, afortunadamente para as nossas consciências, permanecem a uma distância psicologicamente segura de nossas mentes – preocupadas com as pessoas em busca de asilo que são contrabandeadas à noite para as nossas praias – e de nossas câmaras de TV focalizadas nos corajosos policiais que cercam os "ilegais" e *sans papiers*, levando-os para os campos de refugiados mais próximos. Eles são a escória, o lixo e o detrito do livre-comércio e do progresso econômico globais que, na (nossa) extremidade do espectro, sedimentam as alegrias de uma riqueza sem precedentes, ao mesmo tempo que despejam uma pobreza e humilhação indescritíveis no outro extremo e espalham temores e premonições terríveis por toda a sua extensão. Caso lhes pedissem para relatar o progresso de sua "individualização" ou para imaginá-la como sua tarefa, provavelmente considerariam o pedido uma piada indecente e cruel. Se tentassem compreender o que significa o bizarro termo "individualidade", dificilmente conseguiriam vinculá-lo a outra coisa na sua experiência de vida senão à agonia da solidão, ao abandono, à falta de moradia, à hostilidade dos vizinhos, ao desaparecimento dos amigos em que se podia confiar e com cuja ajuda se podia contar, e ao banimento de lugares em que outras pessoas têm permissão de caminhar, admirando-os e usufruindo-os a seu bel-prazer.

É verdade que, para a maioria de nós, essas pessoas poderiam ser, no que nos diz respeito, aparições vindas do espaço. Sua condição não é uma possibilidade rondando a esquina, elas não cruzam nossos caminhos. Isso, porém, não significa que a sorte dos excluídos tenha alguma coisa a ver com a condição dos sortudos que conseguiram evitar esse destino. Podemos pensar na "subclasse global" como o resíduo que cai de uma solução saturada de substâncias solúveis, da qual ela é apenas a condensação sólida. Essa solução é a "sociedade individualizada" a que todos nós pertencemos. As substâncias solúveis em questão são os obstáculos acumulados no caminho que vai da individualidade *de jure* à individualidade *de facto*. E o catalisador que estimula a sedimentação é o preceito da individualização, dirigido a nós e que a todos vincula.

Cada membro da sociedade individualizada encontra alguns obstáculos no seu caminho para a individualidade *de facto*. Esta não é fácil de conseguir, muito menos de preservar. Entre a rápida sucessão de fichas simbólicas de identidade comumente usadas e a endêmica instabilidade das escolhas, a busca da individualidade significa uma luta para toda a vida. Somos todos Alices, às quais Lewis Carroll advertiu: "Ora, *aqui*, você vê, é preciso toda a velocidade de que *você* é capaz para ficar no mesmo lugar. Se quiser ir a outro lugar qualquer, terá de correr duas vezes mais rápido!" A busca da individualidade esquiva não deixa tempo para outras coisas. Novos símbolos de distinção em oferta prometem conduzir você ao seu objetivo e convencer todos os que você encontra na rua ou visitam sua casa de que você de fato chegou lá – mas também invalidam instantaneamente os símbolos que prometiam fazer o mesmo por você um mês ou um dia antes. Na corrida pela individualidade, não há intervalo.

Os dilemas e as perplexidades que as sociedades destinam a seus membros geralmente se fazem acompanhar de estratégias socialmente endossadas e recomendadas, assim como de ferramentas para a sua solução. O consumismo é uma resposta do tipo "como fazer" aos desafios propostos pela sociedade de indivíduos. A lógica do consumismo serve às necessidades dos homens e das mulheres em luta para construir, preservar e renovar a individualidade e, particularmente, para lidar com sua já mencionada aporia. Deveria ser fácil (embora não absolutamente confortável, muito menos seguro) manifestar a singularidade num agrupamento de padrões rígidos e rotinas monótonas, mas essa não é uma tarefa simples numa sociedade que obriga todos e cada um de seus membros a ser únicos. Numa curiosa inversão das regras pragmáticas, agora espera-se que a obediência às normas comumente seguidas resulte no atendimento das exigências da *individualidade*. A conformidade, antes acusada de sufocar a individualidade, é proclamada o melhor amigo do indivíduo – na verdade, o único em que se pode confiar.

Os movimentos do mercado de consumo desafiam a lógica, mas não a lógica da luta já inerentemente aporética pela individualidade. Uma propaganda como "Seja você mesmo – prefira Pepsi" faz eco a essa aporia com uma franqueza muito bem-vinda aos consumidores potenciais do produto e à qual eles seriam gratos. A luta pela *singularidade* agora se tornou o principal motor da produção e do consumo *de massa*. Mas, para colocar o anseio por singularidade a serviço do mercado de consumo de massa (e vice-versa), uma economia de consumo também deve ser uma economia de objetos de envelhecimento rápido, de obsolescência quase instantânea e veloz rotatividade. E assim, também, de excesso e desperdício. A singularidade é agora marcada e medida pela diferença entre "o *novo*" e "o ultrapassado", ou entre as mercadorias de hoje e as de ontem, que ainda são "*novas*" e, portanto, estão nas prateleiras das lojas. O sucesso e o fracasso na corrida pela singularidade dependem da velocidade dos competidores, da destreza em se livrar prontamente das coisas que foram rebaixadas para a segunda divisão – embora os arquitetos dos novos e aperfeiçoados produtos de consumo estejam plenamente dispostos a prometer uma segunda chance aos infelizes eliminados da corrida anterior.

Num típico conselho aos muitos que, mais que qualquer outra coisa, desejam estar um ou dois centímetros à frente do resto, um colunista de moda do *Observer* adverte os atletas do primeiro time de que, "se você não tem munição para gastar" num tapete Marni, num sofá Capellini, num papel de parede Ralph Lauren ou em taças de vinho John Rocha, "não se desespere!". A dupla de moda Clements Ribeiro, de Londres, criou "uma coleção para o seu lar" que inclui, entre outras coisas, um tapete por 199 libras, um "biombo de madeira talhada por 499 libras e "uma cadeira excepcionalmente transada" por 949 libras.[3] Evidentemente, não são ofertas dirigidas a quem não tem dinheiro nem cartões de crédito. Boas-novas para as pessoas com amplo crédito bancário, más notícias para todos os demais, que flutuam perigosamente próximos de serem rebaixados à categoria secundária dos "consumidores fracassados" e atirados ao buraco negro da "subclasse".

As balsas que trafegam entre a margem do "indivíduo *de jure*" e a do "indivíduo *de facto*" cobram caro pelos bilhetes, além do dinheiro necessário para reservar um espaço e acampar na outra margem. Quando conta com a ajuda dos mercados de consumo, a maratona da busca pela individualidade extrai sua urgência e ímpeto do terror que todos têm de ser ultrapassados, absorvidos e devorados pela multidão de corredores que respira pesadamente às suas costas. Mas, para entrar e permanecer na corrida, primeiro é preciso comprar um "tênis especial para a maratona" que – surpresa, surpresa – todos os outros corredores usam ou consideram seu dever comprar. Ser um indivíduo numa sociedade de indivíduos custa dinheiro, muito dinheiro. A corrida pela individualização tem acesso restrito e concentra os que têm credenciais para participar. Como nos sucessivos capítulos do programa *Big Brother*, as fileiras dos eliminados tendem a engrossar a cada rodada.

Não admira que a individualização tenha seus descontentes e insatisfeitos. Com a linha de produção de consumidores felizes, há uma outra, menos intensamente anunciada, mas não menos eficiente, daqueles desqualificados simultaneamente do banquete do consumo e da corrida pela individualização.

Cada sociedade individual (advertência: num planeta em rápido processo de globalização, a noção de "sociedade individual" não pode ser muito levada a sério), mesmo a mais rica, é afetada. Richard Rorty, refletindo sobre a recente transformação da sociedade norte-americana, sugere que o "emburguesamento do proletariado" foi sucedido pela "proletarização da burguesia", já que a renda de um número crescente de famílias de classe média permite "apenas uma humilhante subsistência", ainda por cima assombrada "pelo medo das reduções salariais e das desastrosas consequências de uma doença, ainda que breve".[4] Mas a polarização induzida pela poderosa privatização e individualização das buscas existenciais também tem dimensões planetárias. As chances de cruzar o fosso entre a individualidade *de jure* e a *de facto* são altamente desiguais em todo o planeta. Como os governos do rico Ocidente gastam 350 bilhões de dólares por ano para subsidiar sua agricultura, as vacas europeias estão em melhor situação que metade da população mundial. Londres ocupa 1.500 quilômetros quadrados de terra, mas, segundo os cálculos do Instituto Internacional para o Meio Ambiente e Desenvolvimento, a cidade precisa usar um território mais ou menos igual ao de toda a terra útil da Grã-Bretanha para suprir o consumo de seus habitantes e armazenar o lixo que eles produzem.[5] Um habitante médio de uma cidade norte-americana usa para seu sustento 4,5 hectares de terra, enquanto seu correspondente indiano tem de se haver com 0,4 hectare. Quanto melhor a qualidade de vida, maior a "pegada ecológica" deixada por uma cidade no planeta que compartilhamos. Londres precisa de um território 120 vezes maior do que o seu próprio, enquanto Vancouver, por exemplo, no topo do ranking da qualidade de vida, não conseguiria viver sem um *Lebensraum* 180 vezes maior que sua área.

A polarização já foi longe demais para que ainda seja possível elevar a qualidade de vida da população planetária ao nível dos países mais privilegiados do Ocidente. Como aponta John Reader, "se cada pessoa na Terra vivesse com tanto conforto quanto um cidadão norte-americano, precisaríamos não de apenas um, mas de três planetas para suprir a todos".[6] Encontrar dois outros planetas além do que já temos não é algo muito provável – assim como não é, pela mesma razão, a expectativa de melhorar as condições dos habitantes do planeta segundo o modelo da sociedade individualizada.

Sendo assim, a individualidade é e deverá continuar a ser por muito tempo um *privilégio*. Um privilégio dentro de cada uma das sociedades quase autônomas em que o jogo da autoafirmação é levado adiante por meio da separação entre os consumidores "emancipados", plenamente desenvolvidos – lutando para compor e recompor suas individualidades singulares a partir das "edições limitadas" dos últimos modelos da alta-costura –, e a massa sem rosto dos que estão "presos" e "fixos" a uma identidade sem escolha, atribuída ou imposta, sem perguntas, mas em todo caso "sobredeterminada". E um privilégio em escala planetária – em um planeta dividido em enclaves, onde as redes (fáceis de entrar, mas frágeis e superficiais) que oferecem conexões e desconexões instantâneas ao apertar de uma simples tecla estão substituindo rapidamente a densa malha de vínculos que era tecida a partir de direitos e deveres entranhados e inegociáveis, e as vastas extensões de terras onde o advento da individualidade é o presságio do desaparecimento das redes de segurança tradicionais, e não da liberdade de movimento e de escolha.

A perspectiva de estender o modo de vida usufruído pelos enclaves privilegiados a ponto de abraçar todo o planeta é, pelas razões apresentadas acima, irrealista. O modelo consumista adotado pela atual "emancipação para a individualidade" parece singularmente resistente à ampliação. Nós nos perguntamos em que medida barrar a individualidade de muitos é condição *sine qua non* para a individualidade de alguns, ou se a individualidade, em sua presente versão, *pode* ser outra coisa que não um privilégio.

Portanto, seria de esperar que, para os muitos cujas chances de pegar o bonde da individualização são no mínimo distantes e provavelmente inexistentes, resistir com unhas e dentes à "individualidade" e a tudo o que esta representa não só parece uma opção sensata, mas de fato uma consequência "natural" de sua condição. O "fundamentalismo", escolhendo apegar-se a uma identidade herdada ou atribuída, é o filho natural e legítimo da individualização implementada em escala planetária. Nas palavras de William T. Cavanaugh, "as crenças dos Jim Jones e Osama bin Ladens do mundo são uma parte significativa do problema da violência no século XXI. Pelo menos tão significativa quanto o fervor evangélico com que se oferecem ou se impõem o 'livre-comércio', a democracia liberal e a hegemonia norte-americana a um mundo faminto".[7]

A identidade pela identidade é algo um tanto evasivo... Ou pelo menos é o que Charles Clarke provavelmente diria se fosse transferido, na próxima reforma do gabinete, do Ministério da Educação para o da Identidade. Ele afirmou isso sobre a educação, querendo dizer que (como Richard Ingram de forma cáustica observou) "toda a ideia de escolas e universidades é para aumentar a taxa de crescimento econômico e ajudar-nos a competir com nossos parceiros europeus", e assim também (poderíamos acrescentar) ajudar o governo a vencer a próxima eleição. História antiga, música, filosofia e coisas que afirmam fortalecer o desenvolvimento pessoal, e não a vantagem comercial e política, dificilmente engrossam os números e índices da competitividade. Neste mundo de estilo empresarial, racional, num mundo em que se procura o lucro instantâneo, a administração das crises e a limitação dos danos, qualquer coisa que não possa provar eficácia instrumental é "um tanto evasiva".

Os professores, universitários ou não, provavelmente acompanhariam Richard Ingram, zombando e desdenhando do estilo prosaico e mesquinho de Charles Clarke. Muitos professores, talvez a maioria, insistiriam em que a educação assume sua melhor forma precisamente quando é movida "por ela mesma", e que qualquer oferta de colocá-la a serviço de alguma outra coisa é rebaixá-la. E, no entanto, embora seja provável que os professores compartilhem do desprezo de Ingram por uma educação do tipo ferramenta, é improvável que a maioria de seus alunos pense da mesma forma. Para a maioria dos estudantes, a educação é acima de tudo uma porta de entrada para o emprego. Quanto mais ampla a passagem e melhores as recompensas do árduo trabalho, melhor. Como Karl Marx provavelmente opinaria, adaptando sua observação à presente era da "política de vida", eles constroem suas vidas (como nós construímos as nossas) e também sua (e nossa) história, mas não nas condições de sua (ou, nesse sentido, nossa) escolha. E quando se trata dos usos da educação, são essas condições que têm a palavra final.

O significado da educação não é o único caso em que as percepções das "classes docentes (mais comumente, 'instruídas')" e das "classes discentes" (intermitentemente chamadas de "povo" ou "massas") divergem. E não admira, dadas as diferenças entre as formas como suas respectivas vidas se constroem e as respectivas experiências de vida sobre as quais elas refletem (se é que se refletem). Marx, um homem teórico, teria muitas oportunidades de se queixar da incapacitante brecha entre a teoria e a prática, e seu autodesignado discípulo Lênin, um homem da prática, teria muitas oportunidades de censurar a *intelligentsia* por seu estúpido e vergonhoso desligamento das "massas". Uma possível ocasião para essa queixa e censura seria certamente fornecida pelo discurso da identidade e pelas realidades das guerras de reconhecimento identitário.

Sobre a identidade, as classes instruídas, que atualmente também constituem o cerne articulado e autorreflexivo da emergente elite extraterritorial global, tendem a se tornar românticas. Seus membros se ocupam compondo, decompondo e recompondo suas identidades, e não podem deixar de se surpreender com a facilidade e o custo relativamente baixo com que hoje em dia se faz esse trabalho. Autores que escrevem sobre cultura tendem a chamar essa atividade de "hibridização" e seus praticantes de "híbridos culturais".

Libertas dos laços locais e viajando facilmente pelas redes de ciberconexões, as classes instruídas se perguntam por que os outros não seguem seu exemplo e ficam indignadas quanto estes relutam em fazê-lo. Mas, apesar de toda essa perplexidade e indignação, talvez a circunstância de que os "outros" *não* sigam nem *possam* seguir seu exemplo aumente a atração pelo "hibridismo", a satisfação e autoestima daqueles que podem abraçá-lo e efetivamente o abraçam.

Aparentemente, hibridização refere-se a *mistura*, mas a função latente e talvez crucial que a torna louvável e cobiçada no mundo é a *separação*. A hibridização isola o híbrido de toda e qualquer linha de parentesco monozigótico. Nenhuma linhagem pode alegar direitos exclusivos de propriedade do produto, nenhum grupo de parentesco pode exercer um controle meticuloso e nocivo sobre a observância de padrões, e nenhum filho se sente obrigado a jurar lealdade a sua doutrina hereditária. A "hibridização" é uma declaração de autonomia, não de independência, na esperança de prosseguir com a soberania das práticas. O fato de "os outros" serem deixados para trás, presos aos seus genótipos monozigóticos, acrescenta convicção à declaração e ajuda a seguir com as práticas.

A imagem de uma "cultura híbrida" é um verniz ideológico sobre a *extraterritorialidade* atingida ou declarada. Refere-se, essencialmente, a uma liberdade duramente conquistada, e agora estimulada, de sair livremente num mundo demarcado por cercas e fatiado em soberanias territorialmente estabelecidas. Tal como as extraterritoriais cruzadas e as *nowhereville* – termo que se refere a cidades típicas do mundo globalizado, cidades iguais, sem traços regionais, que poderiam estar localizadas em qualquer parte do mundo –, habitadas pela nova elite global, a "cultura híbrida" busca sua identidade na *não-pertença*: na liberdade de desafiar e menosprezar as fronteiras que tolhem os movimentos e escolhas das pessoas menores, inferiores – os "locais". Os "híbridos culturais" querem se sentir em toda parte como se estivessem *chez soi* – a fim de se vacinarem contra a maligna bactéria da domesticidade.

Os devotos do significado ortodoxo de "identidade" ficariam desconcertados com essa ideia. Uma identidade heterogênea – e efêmera, volátil, incoerente, eminentemente mutável? As pessoas familiarizadas com os clássicos modernos da identidade, como os de Sartre e Ricoeur, se sentiriam inclinadas a ver essa noção como uma contradição em termos. Para Sartre, a identidade é um projeto de toda a vida; para Ricoeur, é uma combinação de *l'ipséité* que presume *coerência* e *consistência* com *la mêmeté*, significando *continuidade*: precisamente as duas qualidades que a ideia de "identidade híbrida" enfaticamente rejeita. Mas deve-se observar que o significado ortodoxo foi feito sob medida para o Estado-nação e o processo de construção nacional. Do mesmo modo, a autodefinição das "classes instruídas" e o papel social que então desempenhavam ou reivindicavam agora estão quase abandonados.

Seguramente, a ideia de "identidade" foi dilacerada por uma contradição interna. Onde quer que aparecesse, sugeria um tipo de distinção que tendia a ser abafado no curso de sua afirmação – e apontava para uma igualdade que só podia ser construída compartilhando-se diferenças...

A "identidade" passa de um *zuhanden* heideggeriano para um *vorhanden*; atrai a atenção (ou, como diria Alfred Schütz, entra no foco de uma "relevância tópica") quando *tanto* a individualidade *quanto* a pertença começam a ser questionadas. Enfrenta, portanto, uma dupla escolha: promover a emancipação individual e também a participação numa coletividade que ignora a idiossincrasia individual. A busca da identidade é sempre empurrada em duas direções; é conduzida sob fogo cruzado e prossegue sob a pressão de duas forças mutuamente contraditórias. Há um laço duplo em que toda identidade reivindicada ou perseguida (a identidade como um *problema* e uma *tarefa*) está enredada, e seus esforços para se livrar dele só podem ser malsucedidos. A identidade navega entre as extremidades da individualidade descompromissada e da pertença total. A primeira é inatingível, e a segunda, como um buraco negro, suga e engole qualquer coisa que flutue nas suas proximidades. Quando é escolhida como destino, inevitavelmente incita movimentos vacilantes entre as duas direções.

Por essa razão, a "identidade" reserva perigos potencialmente mortais tanto para a individualidade quanto para a coletividade, embora ambas recorram a ela como instrumento de autoafirmação. O caminho que leva à identidade é uma batalha em curso e uma luta interminável entre o desejo de liberdade e a necessidade de segurança, assombrada pelo medo da solidão e o pavor da incapacidade. Por essa razão, as "guerras de identidade" provavelmente permanecerão inconclusas, e, com toda a probabilidade, é impossível vencê-las – a "causa da identidade" continuará sendo empregada como instrumento, embora camuflada como objetivo.

Nas manobras da heterogênea elite letrada (global), a "hibridização" é um substituto para as antigas estratégias de "assimilação" – ajustada às novas condições da era pós-hierárquica, líquido-moderna. Vem no mesmo pacote que o "multiculturalismo" – uma declaração da *equivalência* de culturas e um postulado de sua *igualdade*, tal como a estratégia da "assimilação" acompanhava uma visão da evolução cultural e de uma *hierarquia* de culturas. A modernidade líquida é "líquida" na medida em que também é pós-hierárquica. As ordens de superioridade/inferioridade, genuínas ou postuladas, que se presumia terem sido estruturadas sem ambiguidade pela lógica inquestionável do progresso, são desgastadas e fundidas – enquanto as novas são fluidas e efêmeras demais para se solidificar numa forma reconhecível e mantê-la por tempo suficiente de modo que seja adotada como uma referência confiável para a composição da identidade. Assim, a "identidade" se tornou algo principalmente autoempregado e autoatribuído. O resultado dos esforços com que os indivíduos devem se preocupar é reconhecidamente temporário e tem uma expectativa de vida indefinida, mas provavelmente curta.

Como insinuou recentemente Dany-Robert Dufour, todas as "grandes referências" do passado ainda estão disponíveis para uso nos dias de hoje, mas nenhuma delas tem suficiente autoridade sobre as demais para se impor às pessoas em busca de referência.[8] Confusos e perdidos entre muitas reivindicações de autoridade concorrentes, sem que haja uma voz suficientemente alta ou audível que se destaque da cacofonia e forneça um motivo condutor, os habitantes de um mundo líquido-moderno, não importa o quanto se esforcem, não encontram um "porta-voz confiável" (que "sustente para nós o que não conseguimos sustentar quando deixados por nossa própria conta" e que "nos assegure, diante do caos, uma certa permanência de origens, propósitos e ordem"[9]). Em vez disso, eles têm de aceitar substitutos notoriamente não confiáveis. Tentadoras ofertas alternativas de autoridade servem de sinalizadores móveis num mundo desprovido dos sinalizadores permanentes – notoriedade em lugar de regulação normativa, celebridades efêmeras e ídolos por um dia, e assuntos do momento igualmente voláteis extraídos das sombras e do silêncio por um holofote ou microfone nas mãos de um repórter de TV, que se desvanecem da ribalta e das manchetes à velocidade de um raio.

Numa avaliação final, a "hibridização" significa um movimento em direção a uma identidade eternamente "indeterminada", de fato, "indeterminável". No horizonte desse processo, inatingível e teimosamente em retirada surge uma identidade definida unicamente por se distinguir de todo o resto: de todas e cada uma das identidades nomeadas, conhecidas e reconhecidas, e por essa razão aparentemente estabelecidas. Desse "resto", a identidade dos "hibridizadores" permanece, não obstante, irremediavelmente dependente. Não tem um modelo próprio definido para seguir e emular. É principalmente uma unidade de reprocessamento e reciclagem – vive de crédito e se alimenta de material emprestado. Só pode construir e sustentar sua distinção por meio de um esforço ininterrupto e ininterrompível para compensar as limitações de um empréstimo por meio de mais empréstimos. A ausência de um alvo pré-selecionado só pode ser compensada por um excesso de marcadores culturais e um esforço contínuo de cercar todas as apostas e manter abertas todas as opções.

À medida que os empoleirados nas alturas supraculturais da "hibridez" classificam as "culturas" que definem os ambientes de vida das "outras pessoas" como sólidas, obstinadas e inquestionáveis, como realidades "estabilizadoras" e "vinculantes", como totalidades autocontidas, autossustentáveis e autodifusoras, a "cultura híbrida" é, tanto na teoria quanto na prática, *extracultural*. Como que num claro desafio à tese de Pierre Bourdieu de que a distinção social baseia suas reivindicações de superioridade na rigidez do gosto e da escolha culturalmente circunscritos, a "cultura híbrida" é uma manifestação *onívora* – não comprometida, não exigente, não preconceituosa, pronta e ávida por saborear qualquer coisa que esteja sendo oferecida e a ingerir e digerir a comida de todas as cozinhas.

Permitam-me repetir: a imagem da "cultura híbrida" é um verniz ideológico sobre a extraterritorialidade alcançada ou proclamada. Isenta da soberania de unidades políticas territorialmente circunscritas, tais como as redes extraterritoriais habitadas pela elite global, a "cultura híbrida" busca sua identidade na liberdade em relação a identidades designadas e inertes, na licença para desafiar e menosprezar os tipos de marcadores, rótulos ou estigmas culturais que circunscrevem e limitam os movimentos e as escolhas do resto das pessoas, presas ao lugar: os "locais".

Para os que a praticam e usufruem, a nova "indeterminação" do ego tende a ser referida pelo nome de "liberdade". Pode-se argumentar, porém, que ter uma identidade "indeterminada", que é eminentemente "até segunda ordem", não constitui um estado de liberdade, mas o recrutamento obrigatório e interminável para uma guerra de libertação que, em última instância, nunca é vitoriosa: uma batalha diária, sem folga permitida, para *livrar-se*, para *esquecer*. A identidade deixou de ser um legado incômodo (impossível de se descatar), mas confortável (impossível de ser retirada), e de ser, de uma vez por todas, um ato de comprometimento que se espera e anseia durar pela eternidade. Ela passou a ser tarefa de toda uma vida para os indivíduos que ficaram órfãos pela perda da herança e privados de um céu verossímil em que acreditar. Deve ter se transformado, e de fato se transformou, num esforço inconcluso e irritantemente ambivalente para lavar as mãos em relação a antigos compromissos. E também para escapar à ameaça de vir a se envolver num compromisso em relação ao qual os outros lavariam as mãos com prazer e sucesso. A liberdade das pessoas em busca de identidade é parecida com a de um ciclista; a penalidade por parar de pedalar é cair; deve-se continuar pedalando apenas para se manter de pé. A necessidade de continuar na labuta é um destino sem escolha, já que a alternativa é apavorante demais para ser considerada.

Vagando de um episódio a outro, vivendo cada um deles de olhos fechados para suas consequências e mais ignorante ainda em relação a seu destino, guiada pelo impulso de apagar a história passada, e não pelo desejo de traçar o mapa do futuro, a identidade está presa para sempre no presente. Agora lhe foi negada sua significação permanente como alicerce do futuro. A identidade luta para abraçar as coisas "*sem* as quais não se pode estar nem ser visto" hoje, embora totalmente consciente de que, muito provavelmente, estas se transformarão em coisas "*com* as quais não se pode estar nem ser visto" amanhã. O passado de cada identidade está salpicado de latas de lixo em que foram despejadas, uma por uma, as coisas indispensáveis de dois dias atrás, transformadas nos fardos incômodos de ontem.

O único "cerne identitário" que com certeza emergirá da mudança contínua são e salvo, e provavelmente até reforçado, é o do *homo eligens* – o "homem que escolhe" (embora não o "homem que *escolheu*"!): um ego permanentemente impermanente, completamente incompleto, definitivamente indefinido – e autenticamente inautêntico. Sobre o empreendimento líquido-moderno, Richard Sennett escreveu: "Negócios perfeitamente viáveis são destruídos e abandonados, empregados capazes são lançados à deriva, em vez de ser recompensados, simplesmente porque a organização tem de provar ao mercado que é capaz de mudar."[10] Substitua "negócios" por "identidades", "empregados capazes" por "propriedades e parceiros" e "organização" por "self" – e você terá uma descrição fiel do destino que define o *homo eligens*.

O *homo eligens* e o mercado de commodities coexistem em perfeita simbiose. Ambos não viveriam para ver o dia seguinte se não fossem apoiados e nutridos pela companhia um do outro. O mercado não sobreviveria caso os consumidores se apegassem às coisas. Para sua própria sobrevivência, não pode tolerar clientes comprometidos, leais ou que apenas se mantenham numa trajetória consistente e coesa que resista a desvios e evite saídas colaterais. Além, claro, daqueles que estão comprometidos a comprar e leais às trajetórias que conduzem aos shopping centers. O mercado sofreria um golpe mortal se o status dos indivíduos parecesse seguro, se suas realizações e propriedades fossem garantidas, se seus projetos se tornassem finitos, e se o fim de seus esforços por ascensão fosse plausível. A arte do marketing está focalizada em evitar a limitação das opções e a realização dos desejos. Contrariamente às aparências e às declarações oficiais, assim como ao senso comum que é fiel a ambas, a ênfase aqui recai não na estimulação de novos desejos, mas na extinção dos "antigos" (leia-se: os de um minuto atrás), a fim de limpar o terreno para novas incursões ao shopping.

O horizonte ideal do marketing é a irrelevância dos desejos em conduzir os potenciais compradores. Afinal, os desejos precisam de um cultivo cuidadoso e muitas vezes caro. Quando plenamente desenvolvidos, perdem grande parte da flexibilidade inicial, ou toda ela, e só servem para usos específicos e geralmente bem delimitados, não ampliáveis e intransferíveis. Vontades e caprichos momentâneos, por outro lado, não exigem incubação e tratamento prolongados, e portanto podem passar sem investimento.

Os habitantes do mundo líquido-moderno não precisam de outro estímulo para explorar obsessivamente as lojas na esperança de encontrar insígnias de identidade prontas para uso, favoráveis ao consumidor e publicamente legíveis. Perambulam pelos sinuosos corredores dos shopping centers estimulados e guiados pela esperança semiconsciente de colidir com a verdadeira insígnia ou ficha de identidade necessária para atualizar seus "eus"; e pela torturante apreensão de que o momento no qual a insígnia do orgulho se transforma em um símbolo da vergonha possa de algum modo passar desapercebido. Para que sua motivação nunca se esgote, basta que os administradores dos shoppings sigam os princípios descobertos por Percival Bartlebooth, um dos heróis do grandioso romance *Life: A User's Manual*, de George Perec, e percebam que a última peça em oferta não se ajusta ao resto do quebra-cabeça da identidade – de modo que a montagem tem de ser reiniciada do zero incontáveis vezes, em infinitos recomeços. A vida de Bartlebooth terminou inacabada, da mesma forma que a assustadora história de Perec:

> Sentado em seu quebra-cabeça, Bartlebooth tinha acabado de morrer. Sobre a toalha de mesa, em algum lugar do céu crepuscular das 439 peças, o buraco negro da única delas não colocada tem a forma quase perfeita de um X. Mas a ironia que poderia ter sido prevista há muito tempo é que a peça que o morto segura entre seus dedos tem a forma de um W.[11]

Enquanto os quebra-cabeças identitários vêm apenas sob a forma de mercadorias e não podem ser encontrados em outro lugar além dos shoppings, o futuro do mercado (que se distingue dos futuros mercadejados) está assegurado...

Aqueles de nós que foram adestrados no preparo de coquetéis identitários e treinados a se deliciar ao prová-los, sendo além disso capazes de garantir todos os ingredientes atualmente recomendados (leia-se: os que estão na moda), sentem-se em casa na sociedade dos consumidores. Afinal, são consumidores como eles que fazem dessa sociedade o que ela é: uma sociedade de consumidores destinada e feita para o seu consumo. Não é esse o caso, porém, do resto de "nós, as pessoas" – aqueles remanescentes que a companhia reestruturada sob o novo nome de "nós, os consumidores" e sob nova administração deixou de lado como redundantes e se recusa a acomodar. Com o acesso negado aos requintados, raros e caros ingredientes necessários para preparar os saborosos coquetéis atualmente em voga, esse resto (um resto volumoso, pelo que se constata) não tem muita opção a não ser beber as misturas identitárias como elas se apresentam – cruas, toscas e insípidas. Seria ao mesmo tempo sem sentido e cruel reprovar "esse resto" por ingerir drinques vistos pelos experimentados *gourmets* e *connoisseurs* como coquetéis inferiores, grosseiros e desprezíveis. Ninguém lhes pediu para escolher, e nenhuma opção lhes foi oferecida. Se apesar disso tentassem declarar e buscar suas preferências, seriam imediatamente detidos, recolhidos e enviados ao "lugar de onde vieram", ou seja, à identidade estabelecida que lhes será imposta pelos outros à força, caso eles próprios não a aceitem dócil e placidamente como seu destino inegociável.

Em suma, a busca de dois valores, liberdade e segurança, ambos amplamente cobiçados, já que indispensáveis a uma vida digna e feliz, converge no atual discurso sobre a identidade. As duas linhas de busca notoriamente se evadem à coordenação, cada qual tende a conduzir a um ponto além daquele em que a outra busca se arrisca a ser travada, interrompida ou mesmo invertida. Embora não se possa conceber uma vida digna ou satisfatória sem uma mistura *tanto* de liberdade *quanto* de segurança, dificilmente se consegue um equilíbrio satisfatório entre esses dois valores: se as tentativas do passado, inumeráveis e invariavelmente frustradas, servem para alguma coisa, esse equilíbrio pode muito bem ser inalcançável. Um déficit na segurança repercute na angustiante incerteza (e agora fobia) de que o "excesso de liberdade"

– beirando uma permissão para o "tudo é válido" – inevitavelmente será nutrido. Um déficit de liberdade, por outro lado, é vivenciado como um debilitante excesso de segurança (a que os sofredores dão o codinome de "dependência").

O problema, porém, é que, quando falta *segurança*, os agentes livres são privados da confiança sem a qual dificilmente se pode exercer a liberdade. Sem uma segunda linha de trincheiras, poucas pessoas a não ser os aventureiros mais ousados têm coragem suficiente para enfrentar os riscos de um futuro desconhecido e incerto. Sem uma rede segura, a maioria se recusará a dançar na corda bamba e se sentirá profundamente infeliz se forçada a fazê-lo contra a vontade.

Quando, por outro lado, o que falta é a *liberdade*, a segurança parece escravidão ou prisão. Pior ainda, quando se é submetido a essa situação por muito tempo sem intervalo e sem ter experimentado um outro modo de ser, mesmo a prisão pode sufocar o desejo de liberdade, assim como a capacidade de praticá-la, e então se transformar no único hábitat aparentemente natural e habitável – não sendo mais percebida como opressiva. Na versão de Lion Feuchtwanger para a aventura de Odisseu,[12] os marinheiros transformados em suínos pela praga de Circe recusaram-se a retomar a forma humana quando tiveram chance: confortavelmente livres das preocupações graças à comida escassa, mas fornecida regularmente e de forma incondicional, e ao chiqueiro imundo e malcheiroso, mas isento de aluguel, não estavam dispostos a tentar uma alternativa mais animadora, porém instável e arriscada. Vale lembra que essa é uma experiência eternamente revivida, com ou sem a interferência de bruxas, quando antigas rotinas são quebradas, não importa quão monótonas ou opressivas elas sejam (o exemplo mais recente é o dos soldados do Exército iraquiano, sumariamente liberados das tarefas de rotina, longe de serem agradáveis e regularmente acompanhadas de contracheques, imediatamente virando suas armas contra os libertadores).

Qualquer aumento na liberdade pode ser traduzido como um decréscimo na segurança e vice-versa. As duas leituras se justificam, e qual delas se move para o centro da preocupação pública num determinado momento depende de outros fatores além dos elegantes argumentos apresentados para justificar a escolha. Mas as chances de um apoio à mudança no equilíbrio entre liberdade e segurança seriam maiores *se a própria escolha fosse um exercício de liberdade*. A abertura de perspectivas que um aumento da liberdade poderia trazer dificilmente seria vista como um bom negócio se esse acréscimo resultasse da falta de liberdade – se fosse imposto ou implementado sem consulta. Numerosos resultados de pesquisas confirmam a regra: quando as pessoas se ressentem de mudanças em suas condições de existência ou nas regras do jogo da vida, isso ocorre muito menos pelo desagrado em relação às novas realidades resultantes da mudança do que pela maneira como estas foram produzidas, ou seja, porque foram colocadas em pauta sem que se consultassem as pessoas.

O atual discurso sobre a identidade se equilibra precariamente entre todas essas contradições, ambiguidades e armadilhas ocultas. Virtualmente toda proposta que origina é alimento para alguns praticantes e alvos desse discurso, e veneno para outros. Passa de carne a veneno, e vice-versa, dependendo de suas condições, capazes de mudar de maneira rápida e imprevisível.

Num esboço mais amplo, os que esperam obter e manter a segurança expondo-se aos riscos e perigos da livre escolha tendem a enfatizar os méritos da identidade subdeterminada e subdefinida – não estabelecida, incompleta, sem fim especificado e acima de tudo fácil de descartar ou revisar. Já os que lutam nas guerras pela identidade, sofrendo o peso de uma estereotipagem coerciva, afastados das opções desejáveis e intimidados pela própria insegurança para contemplarem seriamente um desafio às regras do jogo, optam pela identidade como direito de nascença, marca indelével e propriedade inalienável.

O fato de ambos os lados da disputa usarem o mesmo símbolo verbal para denotar anseios extremamente diferentes não garante necessariamente um diálogo significativo. Embora ambos os lados falem de identidade, podem também falar atravessado – e frequentemente o fazem. Se um lado fala da "identidade" como passaporte para a aventura, o outro pensa numa defesa contra aventureiros. Para o primeiro, a identidade é um barco enfrentando as ondas, para o segundo, um quebra-mar protegendo as embarcações das marés.

Em nenhum dos dois casos a identidade é invocada por si mesma. E os propósitos da invocação diferem enormemente. Estão arraigados com firmeza nas práticas humanas – daquilo de que os seres humanos tentam se defender e naquilo que lutam para transformar em seu destino. Enquanto essas práticas diferirem, as cargas semânticas investidas nas preocupações com a identidade continuarão a ser diferentes. A realidade, como insistia Marx, deve ser vista como "atividade sensória humana, prática" – já que "a vida social é essencialmente *prática*".

Render-se às pressões da globalização, nos dias de hoje, tende a ser uma reivindicação em nome da autonomia individual e da liberdade de autoafirmação. Para as vítimas dos efeitos colaterais da globalização, porém, mais liberdade não parece ser a cura de seus problemas – prefeririam antes encontrá-la no desmoronamento ou no desmantelamento forçado das rotinas da vida e das redes de vínculos humanos e compromissos mútuos que costumavam apóia-las e fazê-las sentir-se seguras.

Cada vez mais, os apelos por liberdade e a apresentação dessa liberdade como cura universal para os males presentes e futuros – assim como as demandas para afastar e tirar do caminho quaisquer restrições que tolham os movimentos daqueles que esperam fazer bom uso do fato de se estar movendo – levantam as suspeitas de que esta parece ser uma ideologia da elite global emergente. Recaem sobre ouvidos moucos de uma grande parcela da população do planeta e estão se transformando rapidamente num grande obstáculo ao diálogo planetário.

Simplificando um pouco, mas apenas um pouco, podemos dizer que os beneficiários de nossa globalização perigosamente desequilibrada, instável e desigual veem a liberdade desenfreada como o melhor meio de alcançar sua própria segurança. Enquanto isso é numa horrorosa e lamentável insegurança que as vítimas dessa mesma globalização, pretendidas ou colaterais, suspeitam que o principal obstáculo está em se tornar livres (e fazer qualquer uso da liberdade, se esta lhes for concedida). Parafraseando Jean Anouilh, pode-se dizer que, mesmo que todos os homens *pensem* que a causa da liberdade está do seu lado, só os ricos e poderosos *sabem* que está. A carne se transforma em veneno do outro lado da mesa (ou do campo de batalha, como pode ser o caso, e cada vez com mais frequência é).

· 2 ·

De mártir a herói e de herói a celebridade

Alguns detratores da ideia de uma Europa unificada estão de acordo: "Quem quer morrer por Romano Prodi* ou Javier Solana?"** É uma boa piada: de fato, todos nós rimos. Esse também poderia ser um poderoso argumento contra a unificação, na verdade um argumento convincente, se hoje houvesse pessoas dispostas a dar suas vidas por George Bush, pai ou filho, Jacques Chirac, Tony Blair, Gerhard Schröder, Silvio Berlusconi – ou, neste sentido, Umberto Bossi ou seus similares Jean-Marie Le Pen ou Pia Kiersgaard. A questão, porém, é que, para dizer o mínimo, tais pessoas são difíceis de encontrar. Como eu espero tornar claro mais adiante, a evidente ausência delas em nossa parte do mundo é precisamente a razão pela qual pela primeira vez na longa história europeia uma "Europa unida" não é mais um sonho irreal ou um produto da imaginação...

Não só são escassas hoje apenas as pessoas dispostas a "morrer por", ou capazes de concordar em fazê-lo quando as estimulam ou lhes suplicam. Em nossa parte do mundo (independentemente do significado que possamos atribuir a esse "nossa"), agora achamos

---

* Romano Prodi: economista italiano que se tornou primeiro-ministro da Itália em 2006, pelo partido A Oliveira.
** Javier Solanas: espanhol que ocupou o cargo de secretário-geral da União Europeia em 2008. Foi ministro do governo de Fernando González.

difícil e talvez até impossível compreender como pessoas de outros lugares podem sacrificar suas vidas por uma "causa": por que escolheriam morrer para ajudar a "causa" a sobreviver e, ao que esperam, triunfar (sendo essa uma das razões pelas quais pensamos nas partes do planeta habitadas por essas pessoas incompreensíveis como "outras"). Ao ouvirmos falar de "homens-bomba", tentamos ocultar nossa perplexidade e desconforto por trás de veredictos como "fanatismo religioso" ou "lavagem cerebral" – termos que sinalizam nossa *impotência em compreender* em vez de *explicar o mistério*. Podemos também deixar o nosso desconforto de lado (ao menos por algum tempo), atribuindo motivos a essas missões suicidas que consideramos mais fáceis de entender: sendo ingênuos, eles foram enganados por falsas promessas, dizemos, mas, acreditando nessas promessas eles fizeram o que fizeram em busca de ganho e felicidade pessoais (nesse caso, os banquetes e delícias sexuais intermináveis que aguardam os mártires no céu), a exemplo dos motivos que somos treinados e estamos ávidos e aptos a seguir em nossas buscas diárias aqui na Terra.

René Girard assinalou recentemente que a ideia de martírio foi introduzida pela Bíblia e se entranhou firmemente em nossa cultura pelos Evangelhos. Em termos gerais, o martírio foi confinado na história humana às religiões pós-Abraão.[1] A martirologia substituiu e afastou gradualmente a mitologia do "pecado original" comum nas religiões arcaicas. Também reverteu a mensagem contida na mitologia arcaica, contando a história dos primórdios do ato de violência não do ponto de vista dos *assassinos*, não da maneira como um "bando de matadores impenitentes" teria relatado sua ação malévola, mas do ponto de vista das *vítimas*. Em vez de justificar e enobrecer a violência cometida contra um inimigo infiel (geralmente um inimigo maligno, uma criatura estranha, fisicamente defeituosa) como um sacrifício necessário para salvar a comunidade da perdição, como faziam os mitos arcaicos, as histórias de martírio preservadas na cultura pós-Abraão condenavam o chamado sacrifício como um ato de atrocidade abominável. Os dois tipos de história evocavam a multidão, cometiam, incitavam ou aplaudiam o assassinato. Mas se os mitos arcaicos condenavam as vítimas e glorificavam a multidão acuadora e linchadora, as histórias de martírio denunciavam e censuravam as más intenções e a cegueira da multidão, ao mesmo tempo que celebravam a retidão e a probidade de sua vítima – culpavam as turbas por perseguirem *inocentes*. O Deus da religião pós-abraâmica não reconheceria tais matanças como manifestações de piedade; pelos lábios de Seu profeta Oseias (Oseias 6: 6), Ele anunciaria: "Quero misericórdia, não sacrifício." Nas palavras de Girard:

> A literatura profética é uma longa marcha para longe desse fenômeno social violento que parece ter desempenhado um enorme papel nas culturas humanas antes e mesmo depois do advento dos sistemas jurídicos. ... A literatura profética da Bíblia hebraica e dos Evangelhos coloca-se em absoluta oposição à mentalidade mítica e sacrificante da religião arcaica. ... A verdade do sacrifício que está para ser revelada na crucificação destruirá de uma vez por todas, a longo prazo, a efetividade de todos os sacrifícios.

Podemos dizer que a verdade do sacrifício revelada na crucificação é que o poder não é garantia de estar certo. Resistindo ao conselho do antigo provérbio, os mártires correm com a lebre, mas se recusam terminantemente a caçar com os cães.[*] Os cães, como sabemos, caçam aos bandos; essa circunstância faz com que a lebre tenha poucas chances, mas não acrescenta sabedoria ou virtude ao ato assassino dos cães, já que nos números não existe sabedoria, muito menos virtude. As acusações lançadas sobre a vítima não se tornam mais verdadeiras por serem proferidas em coro. A verdade estava e permanece do lado da vítima. Os mártires são vítimas que sabiam disso – e preferiram morrer a mentir, conferindo desse modo à sua morte a significação de um teste-

---

[*] Referência ao provérbio inglês *to run with the hare and hunt with the hounds*, literalmente "correr com a lebre e caçar com os cães", que significa o mesmo que agradar a gregos e troianos. (N.T.)

munho de que há verdades que não podem ser caladas por gargantas grosseiras, não importa em que número. Matatias, o patriarca dos macabeus, recusou-se mesmo a fingir obedecer à ordem dos soldados de Antíoco Epifânio de se tornar "abominável, impuro e profano" comendo carne de porco, embora não tivesse dúvida de que a morte era a penalidade para essa desobediência.[2] Sabendo que a "multidão armada de espadas e porretes" logo subiria o monte das Oliveiras para conduzi-lo à morte, enquanto seus discípulos iriam todos "renegar a fé", abandoná-lo e fugir, Jesus resolveu: "Que se cumpram as escrituras."[3]

Os mártires são pessoas que enfrentam desvantagens esmagadoras. Não apenas no sentido de que sua morte é quase certa, mas também de que seu derradeiro sacrifício provavelmente não será valorizado pelos espectadores, muito menos receberá deles o respeito que merece: talvez precise esperar muito tempo mesmo para ser reconhecido como um sacrifício em prol de uma boa causa. Girard cunhou o termo "contágio mimético" para denotar o provável comportamento dos observadores e participantes voluntários ou relutantes do evento. "Os Evangelhos", diz ele, "tornam óbvio que todas as testemunhas da crucificação tiveram um comportamento mimético": a fúria de uma horda é contagiosa, poucas pessoas lhe são imunes, todos se juntam aos cães nesse clamor. Na melhor das hipóteses, alguns, como Pilatos ou Pedro, lavarão as mãos em relação a essa fúria – mas nada farão para mitigá-la, muito menos enfrentá-la.

Martírio significa solidariedade com um grupo menor e mais fraco, discriminado, humilhado, ridicularizado, odiado e perseguido pela maioria – mas é essencialmente um sacrifício solitário, mesmo que provocado pela lealdade a uma causa e ao grupo que a defende. Aceitando o martírio, as potenciais vítimas não podem ter certeza de que sua morte realmente promoverá essa causa e ajudará a garantir seu triunfo. Nos termos pragmáticos e realistas, favorecidos por nossa variedade moderna de racionalidade, essa morte é quase inútil – talvez até contraproducente, já que, quanto mais fiéis morrerem como mártires, menos permanecerão para lutar pela causa. Concordando com o martírio, as potenciais vítimas da horda furiosa colocam a lealdade à verdade acima de todos os cálculos de benefícios ou ganhos terrenos (materiais, tangíveis, racionais e pragmáticos), sejam eles genuínos ou putativos, individuais ou coletivos.

É isso que separa o mártir do herói moderno. O melhor que os mártires poderiam esperar em termos de ganho seria a derradeira prova de sua integridade moral, do arrependimento de seus pecados, da redenção de sua alma. Os heróis, por outro lado, são modernos – calculam perdas e ganhos, querem que seu sacrifício seja recompensado. Não existe nem pode existir algo como um "martírio inútil". Mas nós desaprovamos, depreciamos, rimos de casos de "heroísmo inútil", de sacrifícios sem lucro...

Quando digo "lucro", não me refiro a ganho financeiro. Tal como os mártires, os heróis não podem ser acusados de cobiça ou qualquer outro motivo mundano, egoísta. A maioria deles não faz o que faz por esperar pagamento por seus serviços ou recompensa por seus infortúnios. Não ligam para seus confortos e recompensas; estão prontos para o derradeiro sacrifício, mas um sacrifício que produza um efeito impossível de ser alcançado de outra maneira, com um propósito que de outra forma seria mais difícil obter. Tornar esse propósito mais próximo faz sua morte *valer a pena*.

Para validar a perda da vida, o propósito da morte deve oferecer ao herói um valor maior do que todas as alegrias de continuar vivendo sobre a terra. Tal valor deve sobreviver ao herói como indivíduo, de vida reconhecidamente curta e destinada a terminar no momento da morte – e a morte do herói deve contribuir para essa sobrevivência. Embora o sentido do martírio não dependa do que acontecer no mundo mais tarde, o do heroísmo depende. Renunciar à vida sem um efeito palpável, e assim perder a chance de dar gravidade à própria morte, não seria um ato de heroísmo, mas o testemunho de um erro de cálculo ou um ato de loucura – e até prova de uma condenável negligência do dever.

Em sua encarnação moderna, o "herói" nasceu (ou deveríamos dizer *renasceu*, conscientes da invocação e ressurreição pela República Francesa da antiga fórmula romana *pro patria*, séculos depois de a noção cristã de "mártir" ter presidido à morte dos cruzados e outros combatentes da "guerra santa"?) no limiar da era da construção nacional. A moderna reencarnação do "herói" – uma pessoa que morre para assegurar a sobrevivência da nação – foi um efeito colateral do que George L. Mosse chamou de "nacionalização da morte".[4]

No limiar da Era Moderna, a Europa, dividida em dinastias, era um mosaico de línguas e grupos étnicos, cada qual almejando alcançar o status de Estado-nação (ou seja, uma *nação* exercendo a soberania de um Estado pleno e indivisível sobre o território reivindicado, e um *Estado* assinalando a unidade dos interesses da nação como justificativa de suas demandas por disciplina). Mas só alguns deles eram suficientemente populosos e dotados de recursos para ter uma chance real de sucesso. Essa era de longe uma conclusão óbvia, já que havia um número muito grande de competidores perseguindo um propósito semelhante, e portanto no caminho de uma reivindicação de domínio. Assim como havia "minorias" relutantes ou não muito ávidas em abandonar seus costumes tradicionais e dissolver-se na cultura triunfante. E "estrangeiros" relutantes ou incapazes de se assimilar, ou que não seriam bem recebidos caso o desejassem. Construir e fortificar um Estado-nação exigia o expurgo de costumes, dialetos e calendários locais ou de viés étnico, e sua substituição por padrões unificados sob a supervisão de ministros de Estado do Interior, da Educação e da Cultura. Esse Estado exigia a vigilância constante dos vizinhos além das fronteiras. Mesmo daqueles aparentemente amigáveis, inofensivos e amantes da paz, para que não se tornassem atrevidos e começassem a elaborar ambições mal-intencionadas ao perceberem que alguém havia passado muito tempo sem flexionar os músculos e demonstrar seu poder de modo convincente (*si vis pacem, para bellum* era a máxima favorita do estadista moderno). E exigia também silenciar, isolar e incapacitar o infiel, o desleal, os suspeitos de serem vira-casacas e os apenas indiferentes ou não suficientemente convencidos e entusiasmados entre aqueles destinados a ser os futuros cidadãos nacionais do Estado-nação.

As jovens nações precisavam do poder de Estado para se sentir seguras, e o Estado emergente precisava do patriotismo nacional para se sentir poderoso. Um precisava do outro para sobreviver, e ambos precisavam de súditos e membros prontos a sacrificar suas vidas por essa sobrevivência. A era da construção do Estado-nação precisava ser uma era de heroísmo – de patriotismo *heroico*, para ser mais preciso.

Na maior parte de suas descrições, a modernidade é apresentada como uma época de desencanto e secularização ("tudo que é sagrado foi profanado", como afirmaram, de modo memorável, os jovens Marx e Engels). O que se menciona com menos frequência, porém, embora não o mereça, é que a modernidade também endeusou e encantou a "nação", a nova autoridade – e assim, por procuração, as instituições feitas pelo homem que afirmavam falar e agir em seu nome. O "sagrado" não foi tão repudiado quanto transformado em alvo de uma "conquista não amigável": transferido para a jurisdição de uma outra gerência e posto a serviço do emergente Estado-nação. O mesmo ocorreu com o mártir, recrutado pelo Estado-nação sob o novo nome de herói.

Como assinala Mosse: "A morte em guerra de um irmão, marido ou amigo" era vista – tal como no passado a morte de um mártir – como um sacrifício; mas "agora, ao menos em público, se afirma que o ganho sobrepujara a perda pessoal". A morte do herói era superada, tal como o fora a morte do mártir – desta vez não pela salvação da *alma* imortal do morto, mas pela imortalidade material da *nação*. *Heldenhaine, jardins funèbres, Parchi della*

Rimembranza* espalhados pela Europa lembravam aos visitantes que uma nação agradecida recompensava o sacrifício de seus filhos com a memória indelével de seus serviços. O mesmo faziam os memoriais erguidos nas capitais europeias para celebrar o sacrifício dos Soldados Desconhecidos e para forjar a ideia de que nem a distinção militar nem todo o vivido até o momento do derradeiro sacrifício interessavam diante do ato heroico a ser valorizado: fazer com que os vivos soubessem que só o momento da morte no campo de batalha tinha importância e definia o sentido da vida.

Muita água rolou sob as pontes da Europa desde o *Sturm und Drang*, período da construção do Estado-nação moderno. O que então foi meticulosamente montado agora se fragmenta, ou é fragmentado. A soberania do Estado, antes indivisível, agora é fatiada em pedaços cada vez mais finos e espalhada por todo o espaço continental ou mesmo planetário. Nenhum Estado ousa ou deseja reivindicar plena autoridade sobre sua capacidade defensiva e sua ordem jurídica, ou sobre a vida cultural e econômica da população que habita seu território. A soberania do Estado, que era vista como completa e integral, se evapora para o domínio superior das forças globais, fugindo da lealdade e do compromisso territoriais, transborda para os campos de caça cada vez mais desregulamentados e inadministráveis dos mercados financeiros e das commodities, e escorre por baixo, para os *workshops* privados da vida política que estão assumindo (ou recebendo como encargo) as tarefas e preocupações cujo gerenciamento era reivindicado pelo Estado, o qual prometia e tentava cuidar delas.

Não sendo mais plenamente responsável pela economia, segurança ou cultura, o Estado não pode prometer a seus súditos a proteção por toda a vida, do berço ao túmulo, que não há muito

---

* Locais destinados a guardar os despojos e prestar homenagem aos soldados desconhecidos.

tempo se esforçava para fornecer. Menos promessas, contudo, significa menor necessidade de dedicação patriótica e mobilização espiritual por parte dos súditos. No solo das expectativas empobrecidas, não mais fertilizado por promessas e esperanças, não é provável que floresça o patriotismo heroico; mas, como tem acontecido na era dos pequenos exércitos profissionais, o Estado não precisa mais de heróis. Os consumidores satisfeitos, ocupados em cuidar de seus interesses particulares, vão esplendidamente bem, obrigado...

Em tempos de pequenos exércitos profissionais, os primeiros-ministros não precisam de cidadãos prontos para morrer por eles. Mas, ao contrário de seus correlativos da era do serviço militar obrigatório e dos exércitos de soldados, podem ir à guerra sem pedir consentimento aos cidadãos ou mesmo apesar dos protestos destes (quer dizer, desde que os consumidores estejam felizes). Os instintos e impulsos patrióticos, os quais têm cada vez menos utilidade para os governos de hoje, podem agora compartilhar a sorte do restante das propriedades governamentais do passado e ser vendidos ao comprador privado (não necessariamente local) que oferecer o lance mais alto: donos de cadeias de restaurantes, organizadores de competições esportivas, gerentes de agências de turismo e, evidentemente, executivos de empresas de marketing, que então ofereceriam alegremente os seus serviços a todos eles e a quem mais estivesse disposto a comprar.

A sociedade de consumo líquido-moderna estabelecida na parte rica do planeta não tem espaço para mártires ou heróis, já que mina, despreza e combate os dois valores que desencadearam sua oferta e demanda. Em primeiro lugar, milita contra o sacrifício das satisfações imediatas em função de objetivos distantes e, portanto, contra a aceitação de um sofrimento prolongado tendo em vista a salvação na vida após a morte – ou, na versão secular, retarda a gratificação agora em nome de mais ganhos no futuro. Em segundo lugar, questiona o valor de sacrificar satisfações individuais em nome de uma "causa" ou do bem-estar de um grupo (na verdade, nega a existência de grupos "maiores que a soma das partes" e de causas mais importantes do que a satisfação individual). Em suma, a sociedade de consumo líquido-moderna despreza os ideais de "longo prazo" e da "totalidade". Num ambiente que promove os interesses do consumidor e é por eles sustentado, nenhum desses ideais mantém o antigo poder de atração, encontra apoio na experiência cotidiana, está afinado com as reações treinadas ou se harmoniza com a intuição do senso comum. Assim sendo, tais ideais tendem a ser substituídos pelos valores da gratificação instantânea e da felicidade individual.

À medida que avança a sociedade líquido-moderna, com seu consumismo endêmico, mártires e heróis vão batendo em retirada. Hoje em dia, eles encontram seu último abrigo entre as pessoas que ainda enfrentam o que para muitos habitantes do planeta (talvez a maioria) parece uma guerra já perdida contra uma desigualdade opressora; uma guerra contra os terríveis poderes financeiros e militares globais que sitiam os poucos territórios intocados remanescentes, a fim de implantar seu tipo de "vida nova" aonde quer que vão – o tipo de vida que significa, para os que a recebem, o fim da existência tal como a conhecem e talvez até o fim da vida em si.

Os mais desesperançados e desesperados entre os que se encontram sitiados têm poucas opções além de recorrer ao derradeiro argumento: sacrificar de bom grado a própria vida, na esperança de dar um testemunho (ainda que tragicamente distorcido) do valor do modo de vida que se tornou quase impossível e que está prestes a lhes ser negado para sempre. A morte honrosa parece-lhes a única chance de uma dignidade que já lhes foi negada em vida. Tais pessoas são material de fácil manuseio por parte de manipuladores astutos, habilidosos, sem escrúpulos e insensíveis. É em suas fileiras que os atuais terroristas são recrutados. Estes são reproduções mutantes e execravelmente distorcidas dos mártires ao estilo antigo, nos quais se enxertaram simulacros igualmente deformados dos heróis do passado.

Os mártires da velha escola estavam prontos para sofrer, mas não para fazer os outros sofrerem, já que a eficácia do martírio voluntário estava na prova que se pretendia oferecer do valor imortal da crença em cuja defesa os mártires morriam. O "heroísmo", por outro lado, era medido pelo número de inimigos que o "herói" destruía. Os mártires da fé não eram heróis, enquanto os heróis das guerras nacionais evitariam o rótulo de mártires em função daquilo que tanto eles quanto seus entusiastas condenavam como a lamentável ineficácia da morte de um mártir. Não importa se os mártires e heróis afirmavam ser virtuoso, nem se eram considerados como tal em seus respectivos e diferentes termos. No momento em que suas qualidades se misturam, o produto é uma combinação incongruente e verdadeiramente satânica...

A sociedade líquido-moderna de consumidores considera os feitos dos mártires, heróis e todas as suas versões híbridas quase incompreensíveis e irracionais, e, portanto, ultrajantes e repulsivos. Essa sociedade promete uma felicidade fácil que pode ser obtida por meios inteiramente não heroicos e que devem estar, tentadora e satisfatoriamente, ao alcance de todos (ou seja, de todo consumidor). Quanto ao martírio e, de modo mais geral, todo tipo de sofrimento "em prol de", ela o reapresenta como o resultado da iniquidade de alguém ou como um caso de delito do próprio ator que só pode ser explicado como premeditação criminosa (exigindo que os culpados sejam encontrados e punidos) ou disfunção psicológica (quando então devem ser submetidos a uma terapia na esperança de ser curados). Ao contrário de outros tipos de sociedade atuais e antigas, a sociedade em questão pode ser adequadamente descrita *sem* que seja preciso recorrer às categorias do "martírio" e do "heroísmo". Em vez disso, tal descrição exigiria duas categorias relativamente novas que essa sociedade colocou no foco da percepção pública: as categorias de vítima e de celebridade.

Na sociedade de hoje, não se espera que alguém sofra de dor a menos que ela seja administrada pelas autoridades competentes como punição merecida por mau comportamento. É um tema amplamente debatido hoje a questão do grau em que a dor é administrada, em relação à gravidade do mau comportamento, ou, portanto, o que a torna plena e verdadeiramente merecida. O direito de decidir sobre esse assunto é um dos principais objetivos da luta pelo poder, e as decisões que refletem a atual hierarquia de forças permanecem em vigor (ainda que não necessariamente sem ser questionadas) enquanto essa hierarquia persistir. Sofrer algo diferente da penalidade adequada por um crime ou contravenção é percebido como evitável e injustificado. Quando isso ocorre, alguém tem de ser culpado, e deve haver um réu ligado à culpa. Todo caso de sofrimento é potencialmente, até que se prove o contrário, um caso de vitimização – e qualquer pessoa que sofra é (ao menos potencialmente) uma vítima.

A naturalidade com que o sofrimento é explicado pela suposição da vitimização pode ter um efeito terapêutico sobre o sofredor, tornando a dor, psicologicamente, um pouco mais fácil de suportar. Mas também pode afastar a atenção dos sofredores da verdadeira causa de seu sofrimento. Ele é prolongado e não encurtado, intensificado, e a dor não é aliviada (principalmente por explicar uma deficiência pessoal como efeito casual das más intenções de uma pessoa, e não como um arranjo social que permite sistematicamente a distribuição de golpes aleatórios e a torna onipresente, rotineira e inevitável, mantendo assim os arranjos a salvo da crítica). Essa "naturalidade" também torna tentador incluir qualquer desconforto ou ambição frustrada na lista de condições classificadas sob a rubrica do sofrimento (injustificado).

Localizar e apontar um suposto culpado pelo sofrimento tem outra vantagem: pode se seguir da busca de uma compensação. Uma pessoa, ou sujeito de direito, pode ser processada, e não faltam especialistas jurídicos ávidos por assumir a causa do sofredor. Além dos benefícios materiais que os sofredores e seus advogados podem obter a partir do veredicto positivo de um tribunal, a suposta vitimização será então legitimamente confirmada, e assim o impacto terapêutico da explicação da dor mediante a vitimização será reforçado, ainda que as causas da dor saiam intactas desse procedimento.

A cultura da vitimização e da compensação remonta à antiga tradição da *vendetta*, que a modernidade fez tudo para banir e enterrar, mas que nos tempos líquido-modernos parece estar emergindo, reencarnada, de sua cova rasa.

Essa tradição foi posta em foco e se tornou tema de preocupação pública bem no início da longa e conturbada história europeia – como está documentado na "trilogia de Orestes" das tragédias de Ésquilo. Numa peça, encorajada pelo coro ("Que se derrame sangue pelo sangue derramado. ... o mal pelo mal ... não é impiedade!"), Electra – órfã do pai morto pelo amante da mãe – procura vingança e pede ao irmão Orestes que mate os assassinos: "Que aqueles que mataram provem da morte pela morte. ... Que minha maldição se iguale à maldição deles, maldade por maldade." O coro está deliciado: "Que o ódio receba de volta o ódio, que o golpe assassino encontre o golpe que assassinou"; "Os deuses ordenam que o sangue do morto verta lágrimas do solo para que o sangue volte a fluir." Segue-se estupidamente outro massacre, fechando um relato de equívocos não compensados apenas para que se inicie um outro. No final da peça, confuso e desolado, o coro chora: "Quando a maldição ancestral irá se abrandar e, posta a repousar, sua fúria exaurir?" Não sobrou ninguém para responder... Só na parte seguinte da trilogia é que chega a resposta, vinda de Atena, a deusa da sabedoria: "Julgamento justo, veredicto justo, terminado num empate, que não lhe traz nem desonra nem derrota." "Sacie, pois, a sua ira: que a indignação não verta pestilência sobre nosso solo, corroendo cada semente até que toda a terra se converta num deserto estéril."[5]

Acontece que nossa sociedade centrada no mercado chegou a uma outra solução, que Atena, apesar de toda a inquestionável sabedoria, não conseguiu prever. A compensação financeira buscada pelas vítimas da era líquido-moderna pelos equívocos que sofreram (a vitimização, como tudo mais numa sociedade assim, pode e deve ter um rótulo com o preço afixado) parece somar os atrativos de ambos os mundos. Abre espaço para o antigo desejo de vingança, ao mesmo tempo que interrompe a *vendetta* antes do banho de sangue que exigiria mais sangue a ser derramado. Porém, o que é mais importante, toma a vingança das mãos do vingador.

As "celebridades" são igualmente preeminentes no elenco das personagens líquido-modernas. Na espirituosa definição elaborada por Daniel J. Boorstin no já longínquo ano de 1961: "Celebridade é alguém conhecido por sua característica de ser bem conhecido" (passados 20 anos, Boorstin certamente acrescentaria a desinência de gênero feminino a esses adjetivos).

Em contraste com o caso dos mártires ou heróis, cuja fama vinha de seus feitos e cuja chama era mantida acesa para comemorar esses feitos e assim reassegurar e reafirmar sua importância duradoura, as razões que trazem as celebridades para as luzes da ribalta são as causas menos importantes de sua "qualidade de conhecido". O fator decisivo nesse caso é a *notoriedade*, a abundância de imagens e a frequência com que seus nomes são mencionados nas transmissões públicas de rádio e TV e nas conversas privadas que se seguem. As celebridades estão na boca de todos: são nomes familiares em *todas* as famílias. Tal como os mártires e heróis, fornecem uma espécie de cola que aproxima e mantém juntos grupos de pessoas que sem elas seriam difusos e dispersos. Poderíamos ser tentados a dizer que hoje em dia elas são os principais aspectos geradores de comunidades, caso as comunidades em questão fossem não apenas *imaginadas*, como na sociedade da era sólido-moderna, mas também *imaginárias*, à maneira de aparições; e acima de tudo frouxamente unidas, frágeis, voláteis e reconhecidas como efêmeras. É principalmente por essa razão que as celebridades se sentem tão à vontade no ambiente líquido-moderno: a modernidade líquida é seu nicho ecológico natural.

Ao contrário da fama, a notoriedade é tão episódica quanto a própria vida num ambiente líquido-moderno. A cavalgada das celebridades, cada qual aparecendo do nada só para cair no esquecimento, é eminentemente adequada à marcante sucessão de episódios das existências fatiadas. E, ao contrário das comunidades "imaginadas" da era sólido-moderna – as quais, uma vez imaginadas, tendiam a se coagular em realidades sólidas, e por isso precisavam da memória eterna de seus mártires e heróis para consolidá-las –, as comunidades imaginárias tecidas em torno de celebridades incansáveis, que raramente sobrevivem à preferência do público, recebem bem o não compromisso; e bem menos o compromisso duradouro ou permanente. Não importa o grau da adoração, a estridência do entusiasmo e a sinceridade dos fãs no culto a uma celebridade, o futuro dos adoradores não está sob hipoteca: as opções de todos são mantidas em aberto, e a congregação de fiéis pode dissolver-se e dispersar-se a qualquer momento, permitindo que todo celebrante possa aderir ao culto de outra celebridade de sua escolha.

Além disso, o culto a uma celebridade (ao contrário da adoração de mártires e heróis, que limita a liberdade de escolha dos adoradores) não tem aspirações monopolistas. Por mais que as celebridades sejam competitivas, elas não estão realmente competindo. O culto a uma delas não exclui, muito menos proíbe, que alguém se junte à comitiva de uma outra. Todas as combinações são permitidas e na verdade bem-vindas, pois cada uma delas, e particularmente sua profusão, aumenta o fascínio exercido pelo culto à celebridade em si mesmo. A oferta de celebridades é virtualmente infinita, da mesma forma que o número de suas possíveis combinações. Não importa quão numeroso possa ser o bando de seguidores, cada um de seus membros pode manter um grau satisfatório de individualidade, ou mesmo de singularidade, de sua própria escolha. Uma vez mais, eles mantêm a torta apesar de já tê-la comido: o tipo de confiança que só um culto de massa é capaz de oferecer vem num pacote com a satisfação de se enquadrar nos padrões estabelecidos pela sociedade de indivíduos para seus membros.

Então, é nesse ponto que agora nos encontramos. Por quanto tempo?

Suponho que os habitantes do planeta que se ajoelhavam diante dos mártires e reverenciavam sua autoimolação dificilmente imaginariam um mundo capaz de venerar uma admirável nova era de heróis modernos – tal como esse mundo para eles inimaginável acharia difícil vislumbrar a era vindoura de vítimas e celebridades. Assim, a prudência nos adverte contra a tentação de fazer deduções fáceis e dar respostas rápidas à questão acima. De uma coisa, porém, podemos estar certos: a história da longa marcha dos mártires às celebridades *não* deve ser vista como uma afirmação das leis inquestionáveis da história e de sua tendência irreversível. Muito menos como outra declaração do "fim da história" – mas como a avaliação da trajetória de um processo que está longe de haver terminado e que pode ser considerado muito mais *in statu nascendi*.

· 3 ·

Cultura: rebelde e ingovernável

A ideia de cultura foi cunhada e batizada no terceiro quartel do século XVIII como termo sintético para designar a administração do pensamento e do comportamento humanos. A palavra "cultura" *não* nasceu como um termo descritivo, uma forma reduzida para as já alcançadas, observadas e registradas regras de conduta de toda uma população. Só cerca de um século mais tarde, quando os gerentes da cultura olharam em retrospecto para aquilo que tinham passado a ver como criação sua e, seguindo o exemplo de Deus na criação do mundo, com carga positiva, é que "cultura" passou a significar a forma como um tipo regular e "normativamente regulado" de conduta humana diferia de outro, sob outro gerenciamento. A ideia de cultura nasceu com uma declaração de *intenções*.

O termo "cultura" entrou no vocabulário como o nome de uma atividade *intencional*. No limiar da Era Moderna, homens e mulheres, não mais aceitos como "um dado não problematizado", como elos preordenados na cadeia da criação divina ("divina" como algo inegociável e com o qual não devemos nos imiscuir), indispensáveis ainda que sórdidos, torpes e deixando muito a desejar, passaram a ser vistos ao mesmo tempo como maleáveis e terrivelmente carentes de ajustes e melhoras. O termo "cultura" foi concebido no interior de uma família de conceitos que incluía expressões como "cultivo", "lavoura", "criação" – todos significando aperfeiçoamento, seja na prevenção de um prejuízo, seja na interrupção e reversão da deterioração. O que o agricultor fazia com a semente por meio da atenção cuidadosa, desde a semeadura até a colheita, podia e devia ser feito com os incipientes seres humanos pela educação e pelo treinamento. As pessoas não *nasciam*, eram *feitas*. Precisavam *tornar-se* humanas – e, nesse processo de se tornar humanas (uma trajetória cheia de obstáculos e armadilhas que elas não seriam capazes de evitar nem poderiam negociar, caso fossem deixadas por sua própria conta), teriam de ser guiadas por outros seres humanos, educados e treinados na arte de educar e treinar seres humanos.

O termo "cultura" apareceu no vocabulário menos de cem anos *depois* de outro conceito moderno crucial, o de "gerenciar", que significa, segundo o *Oxford English Dictionary*: "forçar (pessoas, animais etc.) a se submeter ao controle de alguém", "exercer efeito sobre", "ter sucesso em realizar". E mais de cem anos antes de outro sentido mais sintético, de "gerenciamento", o de "obter sucesso ou sair-se bem". Gerenciar, em suma, significava conseguir que as coisas fossem feitas de uma forma que as pessoas não fariam por conta própria e sem ajuda. Significava *re*direcionar eventos segundo motivos e desejo próprios. Em outras palavras, "gerenciar" (controlar o fluxo de eventos) veio a significar a manipulação de probabilidades: fazer a ocorrência de certas condutas (iniciais ou reativas) de "pessoas, animais etc." mais provável do que seria de outro modo, tornando menos provável ou, de preferência, totalmente improvável a ocorrência de outros movimentos. Em última instância, "gerenciar" significa limitar a liberdade do gerenciado.

Se "*agri*cultura" é a visão do milharal na perspectiva do agricultor, a ideia de "cultura" aplicada metaforicamente aos seres humanos era a visão do mundo social pelos olhos dos "agricultores de pessoas": os administradores. O postulado ou pressuposto do gerenciamento não foi um acréscimo posterior nem uma interferência externa: desde o início, e ao longo de sua história, tem sido parte integrante do conceito de cultura humana. No cerne do conceito de "cultura" encontra-se a premonição ou a aceitação tácita de uma relação social desigual e assimétrica – a divisão entre os atores e os receptores, ou objetos da ação, entre agir e sofrer o impacto da ação; entre os gerentes e os gerenciados, os instruídos e os ignorantes, os refinados e os grosseiros. Theodor Wiesengrund Adorno assinalou que "incluir o espírito objetivo de uma era na única palavra 'cultura' é trair desde o princípio a visão gerencial, cuja tarefa é, olhando de cima para baixo, juntar, distribuir, avaliar e organizar".[1] E ele desembaraça os traços definidores desse espírito: "A demanda que o gerenciamento faz à cultura é essencialmente heterônoma: a cultura – não importa a forma que assuma – deve ser medida por normas não inerentes a ela e que nada têm a ver com a qualidade do objeto, mas sim com alguns tipos de padrões abstratos impostos de fora ..."[2]

Como não se poderia deixar de esperar no caso de uma relação social assimétrica, uma visão bem diferente tende a se apresentar aos olhos dos que examinam essa relação do lado oposto, o do receptor da ação gerencial (ou seja: aos olhos do "gerenciado"): é a visão de uma injustificada e indesejada repressão, e traz consigo um veredicto de ilegitimidade e injustiça. Nessa outra versão da história das relações, a cultura parece ser "oposta ao gerenciamento", já que, como afirmou Oscar Wilde (provocativamente, na opinião de Adorno), ela é inútil (ou pelo menos nos dizem ser esse o caso, enquanto os gerentes detiverem o monopólio sobre o traçado da linha que separa o uso do lixo). A cultura representa as reivindicações do particular contra a pressão homogeneizante do geral, e "envolve um impulso irrevogavelmente crítico em relação ao *status quo* e todas as suas instituições".[3]

O choque entre as duas narrativas é inevitável. Já que veio à luz, não se pode evitá-lo nem apaziguá-lo. A relação gerente-gerenciado é intrinsecamente agonística; os dois lados perseguem objetivos opostos e só conseguem conviver de forma orientada pelo conflito, combativa e pronta para a batalha.

Adorno reconhece a inevitabilidade desse conflito. Mas também assinala que os antagonistas precisam um do outro. Ainda que o estado de inimizade aberta, surda ou clandestina possa ser inconveniente e desagradável, o maior infortúnio que poderia recair sobre a cultura seria uma vitória total e definitiva sobre o antagonista: "A cultura sofre prejuízos quando planejada e gerenciada; deixado por si mesmo, porém, tudo que é cultural ameaça não apenas perder a possibilidade do efeito, mas também sua própria existência".[4] Com essas palavras, Adorno reafirma a triste conclusão a que chegou quando estava trabalhando (com Max Horkheimer) sobre a dialética do Iluminismo: que "a história das religiões e das escolas antigas, tal como a das revoluções e dos partidos modernos", ensina que o preço da sobrevivência é "a transformação das ideias em dominação".[5] Essa lição da história deveria ser estudada com particular diligência, absorvida e posta em prática pelos "criadores de cultura" profissionais, principais portadores do fardo da propensão transgressora da cultura e que a transformam numa vocação conscientemente abraçada, praticando a crítica e a transgressão como seu modo próprio de ser:

> O apelo aos criadores da cultura para que se retirem do processo de gerenciamento e mantenham distância dele tem um toque de irrealidade. Não só os privaria da possibilidade de ganhar a vida, mas também de todo efeito, de todo contato entre a obra de arte e a sociedade, sem o qual os trabalhos de maior integridade não poderiam passar, sob pena de perecerem.[6]

Com certeza, um paradoxo. Ou um círculo vicioso... A cultura não pode viver em paz com o gerenciamento, em particular com um gerenciamento importuno e insidioso, e mais particularmente ainda com um gerenciamento preocupado em distorcer o impulso da cultura no sentido da exploração e experimentação, de modo a ajustá-lo à estrutura de racionalidade traçada pelos gerentes. O complô dos gerentes contra a liberdade endêmica da cultura é um eterno *casus belli*. Por outro lado, os criadores da cultura precisam de gerentes se quiserem (como é o caso da maioria deles, inclinada a "melhorar o mundo") que os vejam, ouçam e escutem, além de ter uma chance de ver sua tarefa ou projeto concluídos. Do contrário, se arriscam à marginalidade, à impotência e ao esquecimento.

Os criadores de cultura não têm escolha: são obrigados a conviver com esse paradoxo. Não importa o barulho com que protestem contra as pretensões e a interferência dos gerentes, precisam procurar um *modus con-vivendi* com a gerência para não afundar na irrelevância. Podem escolher entre gerentes com diversos propósitos e que tratem a liberdade da criação cultural segundo diferentes projetos – mas decerto não podem optar entre aceitar e rejeitar o gerenciamento em si. Em todo caso, não realisticamente.

Isso acontece porque o paradoxo em questão deriva do fato de que, apesar de toda a lama jogada uns nos outros, criadores e gerentes da cultura tendem a compartilhar o mesmo domicílio e a dividir as mesmas intenções. É uma *rivalidade entre irmãos*. Eles buscam o mesmo alvo, têm o mesmo objetivo: estimular as pessoas a agir de modo diverso, e assim transformar o mundo em algo diferente do que é no momento e/ou daquilo em que provavelmente se transformaria se fosse deixado por si mesmo. Ambos extraem sua *raison d'être* de uma crítica ao *status quo* (ainda que seus propósitos declarados sejam conservá-lo ou restaurar o *status quo ante*). Se brigam, a divergência não é sobre se o mundo deveria ser um objeto de intervenção constante ou abandonado a suas próprias tendências internas, mas sobre o rumo que a intervenção deve assumir. Com muita frequência, discutem unicamente a respeito de quem deve estar no comando – quem detém ou deveria receber o direito de decidir sobre o rumo, e quem tem a prerrogativa de manipular as ferramentas para monitorar essa busca, assim como de selecionar as formas de avaliar seu progresso.

Hannah Arendt descreveu impecavelmente a essência do conflito:

Um objeto é cultural dependendo da duração de sua permanência: seu caráter durável se opõe ao aspecto funcional, aquele que o faria desaparecer do mundo dos fenômenos pelo uso e pelo desgaste ...

A cultura se encontra ameaçada quando todos os objetos do mundo produzidos atualmente ou no passado são tratados unicamente como funções dos processos sociais vitais – como se não tivessem outra razão a não ser a satisfação de alguma necessidade –, e não importa se as necessidades em questão são supérfluas ou básicas.[7]

A cultura mira, por assim dizer, "acima da cabeça" de tudo aquilo que atualmente passa por "realidade". Não se preocupa com o que por acaso tenha sido posto na agenda do dia e definido como o imperativo do momento. Pelo menos se esforça por transcender o impacto limitador da "atualidade" assim definida, e luta para se livrar de suas demandas.

Ser usado e consumido na hora e dissolver-se no processo do consumo instantâneo não são o destino dos produtos culturais nem o critério do seu valor. Arendt diria que a cultura busca a *beleza* – e eu insinuo que ela tenha escolhido esse termo para as preocupações da cultura porque a ideia de "beleza" é a própria epítome de um alvo enganoso que desafia a explicação racional/causal, que não tem um propósito nem um uso visível, que não serve para coisa alguma e que não pode legitimar-se por referência a qualquer necessidade previamente sentida, definida e disposta para a satisfação. Um objeto é cultural na medida em que sobreviva a qualquer uso que possa ter orientado sua criação.

Essa imagem da cultura difere profundamente da opinião comum, e até recentemente também prevalecia na literatura acadêmica – uma opinião que classifica a cultura como um dos mecanismos homeostáticos que preservam a monótona reprodução da realidade social, sua *mêmeté*, mecanismos destinados à proteção e continuidade de sua mesmice com o passar do tempo. A noção de cultura comum aos textos classificados sob a rubrica da ciência social tem sido um mecanismo estabilizador que gera rotina e repetição, um instrumento da inércia – jamais um fermento que evita que a realidade social fique parada e que obrigue a uma eterna autotranscendência, como Adorno e Arendt insistiam. Nas descrições antropológicas ortodoxas (uma sociedade = uma cultura), a "cultura" aparece como "uma criada" da "estrutura social", uma eficiente ferramenta da "administração de tensões" e da "manutenção de padrões". Preserva intacta a distribuição dada de probabilidades comportamentais necessária para manter inalterada a forma "do sistema"; e enfrenta quaisquer brechas da norma, fraturas e desvios ocasionais que ameacem afetar o "equilíbrio" do "sistema". Esse "eterno retorno" da mesmice era o horizonte utópico de uma totalidade social adequadamente gerenciada (ou, relembrando a expressão antes ubíqua de Talcott Parsons, "essencialmente coordenada"); e a estabilidade da distribuição de probabilidades – estritamente controlada por um conjunto de dispositivos, entre eles a "cultura" como índide do orgulho de um lugar – era amplamente considerada condição necessária de todos os esforços para avançar rumo a esse horizonte. Um "sistema social" adequadamente administrado era visto como um tipo de totalidade dentro do qual qualquer comportamento desviante das unidades humanas seria prontamente identificado e isolado antes de produzir algum dano irreparável, e rapidamente desmontado ou eliminado. Dentro dessa visão de sociedade como um sistema que se autoequilibra (ou seja, que permanece obstinadamente o mesmo apesar das pressões contrárias), *a "cultura" significa a realização do sonho dos gerentes: uma efetiva resistência à mudança*. E era assim que o papel da cultura costumava ser percebido há apenas duas ou três décadas. Muita coisa aconteceu, contudo, nesse período.

Para começo de conversa, a "revolução gerencial versão dois" foi sub-repticiamente conduzida sob o estandarte do "neoliberalismo": os gerentes passaram da "regulação normativa" para a "sedução"; do monitoramento diário para as RP*; e do modelo panóptico de poder, indiferente, sobrerregulamentado, com base na rotina, para a dominação exercida por meio de uma incerteza difusa, sem foco, da *precarité* e de uma quebra de rotinas incessante e aparentemente casual. E então veio o gradual desmantelamento da estrutura de serviços do Estado a que as partes principais das políticas de vida costumavam estar conectadas; e um deslocamento e flutuação dessas políticas para o domínio presidido por um mercado de consumo calcado na incurável fragilidade das rotinas e sua rápida substituição – suficientemente rápida para evitar qualquer cristalização em hábitos ou normas. Nesse novo ambiente, há pouca demanda pela restrição, desmontagem ou abrandamento do pernicioso impulso transgressor e daquela experimentação compulsiva apelidada de "cultura" – visando a equipar impulso e experimentação com os veículos do autoequilíbrio e da continuidade. Ou pelo menos os portadores ortodoxos dessa demanda – os gerentes dos Estados construtores de nações – perderam o interesse em equipá-los, e agora, que todos nós fomos reciclados para ser acima de tudo consumidores, os novos roteiristas e diretores do drama cultural desejam que tudo, menos a conduta dos seres humanos, seja refreado, regulado e submetido a uma rotina monótona e inflexível,

Como os principais personagens do drama da "modernidade sólida" abandonaram o palco aos bandos ou reduzidos ao papel quase mudo de excedentes, e como os substitutos relutam em emergir dos bastidores, nossos contemporâneos se veem agindo no que poderia ser adequadamente chamado, segundo Hanna Arendt – e, por intermédio dela, Bertold Brecht –, de "tempos sombrios".[8] Retirar-se da política e do domínio público se transformará, escreveu Arendt profeticamente, na "atitude básica do indivíduo moderno, que, em sua alienação em relação ao mundo, só pode realmente revelar-se na privacidade e na intimidade dos encontros face a face".[9]

---
* Relações Públicas (N.E.)

Essa recém-obtida privacidade forçada e a "intimidade dos encontros face a face", companheiros inseparáveis dos "tempos sombrios", são servidas pelo mercado de consumo, promovendo a contingência universal da vida dos consumidores no qual ele viceja. E capitaliza a fluidez das disposições sociais, a fragilidade dos vínculos humanos, o status controverso, e portanto instável e imprevisível, dos direitos, das obrigações e dos compromissos individuais, num presente que vai além do alcance dos cidadãos e num futuro obstinada e incuravelmente opaco e obscuro. Sob pressão, por causa da impotência, e ainda com pouca resistência, os governos dos Estados e seus gerentes abandonam as ambições de regulação normativa de que foram acusados por Adorno e outros críticos da emergente "sociedade de massas totalmente gerenciada" – colocando-se, em vez disso, em "estado de agente" e assumindo o papel de "honestos corretores" das necessidades (leia-se: pressões irresistíveis) do mercado.

Os criadores da cultura podem ainda ressentir-se, como de fato se ressentem, da importuna intervenção dos gerentes, os quais – fiéis ao hábito característico – insistem em avaliar as performances culturais por critérios extrínsecos, estranhos ao fluxo irracional da criatividade cultural, e em usar o poder e os recursos de que dispõem para garantir a obediência às regras que estabeleceram. Essa principal objeção à interferência não é, porém, como já se afirmou, um novo início, mas apenas outro capítulo de uma longa história de "rivalidade entre irmãos", cujo final não está à vista. Para o bem ou para o mal, para o bem e para o mal, as criações culturais *precisam* de gerentes – do contrário, morreriam na mesma torre de marfim em que foram concebidas.

Por outro lado, novos realmente são os *critérios* que os gerentes atuais – no seu novo papel de agentes das forças do mercado e não dos poderes do Estado construtor da nação – empregam para avaliar, "auditar", "monitorar", julgar, censurar, recompensar e punir seus tutelados. Naturalmente, são critérios do *mercado de consumo*, do tipo que estabelece uma preferência pelo consumo, a satisfação e o lucro instantâneos. Um mercado de consumo que cuidasse de necessidades de longo prazo, para não falar da eternidade, seria uma contradição em termos. Um mercado de consumo propaga a circulação rápida, a menor distância do uso ao detrito e ao depósito de lixo, e a substituição imediata dos bens que não sejam mais lucrativos. Tudo isso se coloca em total oposição à natureza da criação cultural. Assim, a novidade é a separação dos caminhos dos irmãos ainda envolvidos na rivalidade.

O interesse do capítulo que está sendo atualmente escrito nesse cabo de guerra secular não é apenas a resposta à pergunta "quem está no comando?", mas a própria substância de "estar no comando" – seu propósito e suas consequências. Podemos dar um passo (pequeno, por assim dizer) além e dizer que o interesse é a sobrevivência da cultura como a conhecemos, desde os dias em que foram pintadas as cavernas de Altamira. A cultura poderia sobreviver ao fim da durabilidade, da eternidade, da infinitude e às primeiras "baixas colaterais" do triunfo do mercado de consumo? A resposta a essa pergunta é que realmente não sabemos – embora possamos ter motivos válidos para suspeitar de que seja "não", e portanto, seguindo a advertência de Hans Jonas aos cidadãos da "era da incerteza", depositar mais confiança nos oráculos dos "profetas da perdição"...

Subordinar a criatividade cultural aos critérios do mercado de consumo significa exigir das criações culturais que aceitem o pré-requisito de todos os produtos de consumo anteriormente considerados legítimos: que se legitimizem em termos do valor de mercado (e, com certeza, de seu valor de mercado atual) ou pereçam.

A primeira pergunta dirigida às ofertas culturais que reivindicam validade e buscam reconhecimento é sobre uma demanda suficiente, apoiada por uma idônea capacidade de pagar. Mas observemos que, graças à natureza notoriamente caprichosa, excêntrica e volátil da demanda de consumo, os registros do domínio do mercado de consumo sobre a cultura são cheios de prognósticos equivocados, avaliações desfocadas e decisões amplamente incorretas. Em termos pragmáticos, a estratégia e a prática dessa regra concentram-se em compensar a ausência de uma análise de qualidade com uma profusão de alvos potenciais e uma limitação de apostas. Em outras palavras, com um excesso esbanjador e um esbanjamento excessivo (G.B. Shaw, que além de teatrólogo era um dedicado fotógrafo amador, aconselhava os fotógrafos a seguirem o exemplo do bacalhau; cada peixe deve gerar mil ovas a fim de produzir um filhote; parece que toda a indústria de consumo, assim como os gerentes de marketing que a mantêm viva, segue o conselho de Shaw). Tal estratégia pode algumas vezes ser uma garantia contra as perdas exorbitantes causadas pelos erros na análise de custo-benefício. De pouco ou nada adiantará, contudo, para garantir que os produtos culturais tenham uma chance de revelar sua verdadeira qualidade quando sua demanda do mercado não estiver visível (uma visibilidade eminentemente curta, dada a endêmica natureza de curto prazo dos cálculos).

Agora são os clientes em potencial, seus números e o volume de dinheiro de que dispõem que decidem (embora frequentemente por falha, não por intenção) o destino das criações culturais. A linha que divide os produtos culturais "de sucesso" (e que portanto concentram a atenção do público) dos produtos culturais fracassados (ou seja, incapazes de surgir para a notoriedade) é traçada por vendas, avaliações e resultados de bilheteria (segundo as espirituosas definições de Daniel J. Boorstin, "um best-seller" é um livro que de alguma forma vendeu bem "simplesmente porque estava vendendo bem"). Mas os teóricos e críticos da arte contemporânea não conseguiram estabelecer uma correlação entre as virtudes de uma criação cultural e seu status de celebridade. Se for possível encontrar alguma, será entre o status de celebridade e o poder da marca, do logotipo que projeta o incipiente *objet d'art* da obscuridade para as luzes da ribalta.

O equivalente contemporâneo da boa fortuna ou do golpe de sorte é Charles Saatchi[*] parar o carro em frente a uma loja em uma obscura rua transversal, que vende alguma quinquilharia cujos obscuros fabricantes sonhavam e almejavam ser declarada

---

[*] Fundador da agência Saatchi & Saatchi, é colecionador de arte e dono da Saatchi Gallery.

uma peça de arte. Os objetos se transformarão em trabalhos artísticos e, da noite para o dia, uma vez postos em exibição numa galeria cujos portões separam a boa arte (ou seja, aquela a ser admirada, comprada e alardeada) da arte de má qualidade (ou seja, aquela com a qual não se deve ter ligações e cuja compra seria motivo de vergonha), assim como a arte da não arte. O nome da galeria transmite sua glória aos nomes dos artistas cujos trabalhos estão sendo expostos. No mundo irritantemente confuso das normas flexíveis e dos valores flutuantes, essa tendência é – não surpreendentemente – universal. Como Naomi Klein sucintamente nos mostra, "muitos dos fabricantes mais conhecidos de hoje não manufaturam produtos nem fazem propaganda deles, mas compram os produtos e lhes adicionam sua 'marca'".[10] A marca e o logotipo afixados (é a sacola com o nome da galeria que dá significado às compras) não agregam valor, mas são o valor, o valor de mercado, e portanto o único valor que conta, valor em si.

Não são apenas as grandes empresas que investem valor nos produtos por meio da marca, ou os desvalorizam retirando seu logotipo. Talvez as marcas mais potentes sejam os *eventos* propriamente divulgados e exagerados: eventos-celebridades maciçamente frequentados, segundo os critérios de Boorstin, por serem bem conhecidos graças a sua notoriedade, e vendendo bilhetes em massa pelo fato de os bilhetes estarem vendendo bem. Os "eventos" levam uma vantagem sobre as marcas fixadas pelas empresas, que precisam contar com a permanente lealdade e fidelidade dos clientes. Estão mais afinados com a duração notoriamente curta da memória pública e com a competição acirrada entre as tentações que concorrem pela atenção dos consumidores. Os eventos, como todos os legítimos produtos de consumo, têm uma data de validade: seus planejadores e supervisores podem deixar de fora de seus cálculos as preocupações de longo prazo (com o duplo benefício de economizar enormes valores e ressoar o espírito da época), planejando e fornecendo (para relembrar a expressão precisa de George Steiner) "o máximo impacto e a obsolescência instantânea".

A carreira espetacular (tanto literal quanto metaforicamente) do evento com tempo limitado como a forma mais efetiva e cada vez mais utilizada de fixar marcas está bem de acordo com a tendência universal do ambiente líquido-moderno. Nesse ambiente, todos os produtos culturais – sejam objetos inanimados ou seres humanos instruídos – tendem a ser colocados a serviço de "projetos", conhecidos como empreendimentos únicos e de vida curta. E, como descobriu uma equipe de pesquisa citada por Naomi Klein, "você pode colocar uma marca não apenas na areia, mas também no trigo, na carne, em tijolos, metais, concreto, produtos químicos, grãos de milho e uma variedade interminável de mercadorias tradicionalmente consideradas imunes a esse processo"[11] e que até agora se acreditava, erroneamente, como se vê, se basearem em seus méritos intrínsecos e provar seu valor simplesmente revelando e demonstrando sua excelência.

A "síndrome consumista" à qual a cultura contemporânea se rende cada vez mais tem como centro uma enfática negação da virtude da procrastinação e do preceito de "retardar a satisfação" – princípios fundadores da "sociedade dos produtores" ou "sociedade produtivista". Na hierarquia herdada dos valores reconhecidos, a "síndrome consumista" destronou a duração, promoveu a transitoriedade e colocou o valor da novidade acima do valor da permanência.

Evidentemente, seria injusto e imprudente depositar na indústria de consumo, e apenas nela, a culpa da situação em que a criação cultural hoje se encontra. Essa indústria está bem equipada para a forma de vida a que chamo de "modernidade líquida". Essa indústria e essa forma de vida estão afinadas entre si e reforçam mutuamente o controle sobre as opções que os homens e mulheres de nossa época podem, de forma realista, fazer. A cultura líquido-moderna não se percebe mais como uma cultura do aprendizado e do acúmulo, como as outras registradas nos relatos de historiadores e etnógrafos. Parece, em vez disso, uma *cultura do desengajamento, da descontinuidade e do esquecimento*.

Esta última frase não seria uma contradição em termos? Essa é a grande questão, talvez a questão de vida e morte no que se refere à cultura. Por séculos a cultura viveu numa incômoda simbiose com o gerenciamento, lutando desconfortavelmente e por vezes sufocando nos braços dos gerentes – mas também correndo para eles em busca de abrigo e emergindo do encontro revigorada e reforçada. A cultura sobreviverá à mudança do gerenciamento? Ser-lhe-á permitido algo mais que uma existência efêmera, como a de uma borboleta? Será que o novo gerenciamento, fiel ao novo estilo de administração, limitará o seu encargo ao despojamento de recursos? Será que o cemitério dos "eventos culturais", falecidos ou abortados, vai substituir o aclive como metáfora adequada para a cultura?

Willem de Kooning sugeriu que, neste nosso mundo, "o conteúdo é um lampejo", uma visão fugidia, um olhar de passagem.[12] Como sugere Yves Michaud, importante analista das voltas e reviravoltas da cultura pós-moderna e pós-pós-moderna, a estética, o alvo eternamente ardiloso e teimosamente perseguido pela cultura, é atualmente consumida e celebrada num planeta esvaziado e vazio de obras de arte[13] – consideradas acréscimos permanentes ao mundo...

Refletindo sobre o estado e as perspectivas da arte contemporânea, Tom Wolfe ponderou que nos livramos dos objetos representacionais da terceira dimensão, do material tingido, da técnica, da moldura e da tela... Mas que dizer da própria parede? A imagem da obra de arte como algo na parede não seria pré-moderna?[14]

Jacques Villeglé, artista praticante, fotógrafo perspicaz e pintor de telas enormes exibidas nas paredes dos mais prestigiosos salões de arte parisienses, pensa num tipo de parede diferente: uma versão profundamente pós-moderna, uma parede de frente para a rua em que a ação se desenrola, uma janela, em vez de uma parte da gaiola/abrigo que, sob o domínio modernista, costumava definir a diferença entre o "dentro" e o "fora" das artes. As paredes que se abrem das telas de Villeglé pregadas nas paredes da *galeria* são paredes na *cidade*, registros vivos, permanentemente indefinidos e constantemente atualizados da arte eminentemente moderna – a arte da vida moderna. Essas paredes são os próprios lugares em que as labutas da vida, ruidosas ou sub-reptícias, mas sempre inexoráveis, podem ser encontradas, reveladas e registradas, para mais tarde ser transferidas para o interior das paredes dos museus a fim de reencarnar como *objets d'art*. Os objetos de Villeglé são os quadros de aviso costumizados para que sejam afixados notícias, anúncios, pôsteres e propagandas; ou apenas as faixas de paredes que separam e ocultam as residências privadas e a agitação dos prédios comerciais – blocos de alvenaria cuja antiga suavidade era um desafio e uma tentação para os impressores, distribuidores e coladores de cartazes, uma tentação impossível de resistir numa cidade pós-moderna transbordante de visões e de sons competindo por atenção. (Os cartazes não seriam as ervas daninhas da sociedade da informação, invadindo cada pedaço de solo livre de raízes? Não seriam as pragas dos jardins da comunicação? As paredes brancas e todas as superfícies planas que não apresentam mensagens não seriam a versão atualizada, líquido-moderna, daquele "vácuo" que toda natureza – neste caso, a natureza da sociedade da informação – abomina?)

Cartazes feitos com um objetivo certo ou paredes invadidas, anexadas e absorvidas pelas tropas avançadas do império da informação: isso realmente não importa. Uma vez fixados nas telas de Villeglé, dificilmente traem seus diferentes passados. Parecem todos surpreendentemente semelhantes, quer tenham sido colados e recolados no *boulevard* de la Chapelle ou na Haussmann, Malesherbes ou na *rue* Littré; ou no *boulevard* Marne, ou na *rue* des Écoles; ou na Saint-Lazare, ou no Faubourg St.-Martin, ou no cruzamento de Sèvres com Montparnasse. Cada um desses pontos é uma estranha mistura de cemitérios e canteiros de obras; um ponto de encontro de coisas que estão morrendo e coisas que estão nascendo para morrer um pouco depois. O cheiro de cola fresca compete aqui com o odor de cadáveres em putrefação. *Affiches lacérées...* Pedaços de papel rasgado flutuam sobre futuros pedaços ainda por rasgar. Metades de sorrisos em meias faces resgatadas; olhos avulsos ou solitárias orelhas sem par; joelhos e cotovelos sem nada que os conecte ou sustente. Gritos que silenciam antes de ser compreendidos, mensagens que se dissolvem e se desvanecem numa fração de sentença, detidas e estranguladas muito antes do local de nascimento do significado; clamores ou frases inacabados sem lugar de origem.

Mas essas pilhas de fragmentos estão cheias de vida. Nada aqui fica parado; tudo está de licença temporária de algum lugar ou de passagem para outro. Todos os lares são apenas hospedarias no meio do caminho. Esses quadros de avisos e paredes, superlotados por camadas sobrepostas de significados que já foram, teriam sido ou ainda poderão ser, são fotos instantâneas de uma história em curso, de uma história que avança retalhando seus traços: a história como *fábrica de rejeitos, de lixo*. Nem criação nem destruição, nem aprendizado nem verdadeiro esquecimento: apenas a pálida evidência da futilidade, ou melhor, da tolice de tais distinções. Nada aqui nasce para viver muito e nada morre definitivamente.

As telas de Manolo Valdes também são enormes e sobretudo parecidas entre si. Seja qual for a mensagem que transmitem, elas se repetem, com fervorosa e apaixonada persistência, vezes e vezes, tela por tela. Valdes pinta, coleciona, compõe e junta *rostos*. Ou melhor, um único rosto – um único rosto de mulher. Cada tela é a evidência material de um novo início, uma nova partida, uma nova tentativa de completar o retrato. Ou seria o testemunho de um trabalho terminado algum tempo atrás, mas logo desprezado e condenado à obsolescência? O trabalho foi congelado, com certeza, no momento em que o penduraram na parede da galeria – mas no caminho de ida ou de volta? *Aller* ou *retour*? Diga-me você... Por seu dinheiro ou pelo meu, você não conseguirá distinguir o "para frente" do "para trás". Tal como na oposição entre criação e destruição, essa distinção perdeu o sentido – ou talvez nunca tenha tido um sentido. Esse vácuo, posto a nu onde se presumia que residisse o significado, costumava ser um segredo intimamente guardado por todos aqueles que insistiam em que "para frente" era o nome correto do lugar que eles, as pessoas que pensavam no futuro, estavam procurando: foram eles que afirmaram que "criação" era o nome adequado da destruição que eles, as pessoas criativas, realizaram. Pelo menos é essa a mensagem que entoam, em uníssono, as telas de Valdes – talvez sua única mensagem.

As colagens de Valdes foram laboriosamente emendadas, camada por camada, a partir de pedaços e peças de tecidos, de materiais rústicos, alguns tingidos, outros desavergonhados da original suavidade da juta ou do cânhamo, alguns preparados para receber a pintura, outros já desprendendo farelos da tinta ressecada com que foram cobertos anteriormente. Ou teriam sido arrancados de uma tela já terminada, sem emendas, integral e inteira? Os remendos são mal colados – pontas soltas pairam no ar –, mas novamente não fica claro se estão ali para ser pressionadas sobre os recortes abaixo ou a ponto de se descolar e cair. Essas colagens teriam sido capturadas no processo de criação ou estariam em estado avançado de decomposição? Esses pedaços e peças de tecidos rústicos, será que ainda não foram colados ou já teriam sido descolados? Seriam frescos e imaturos ou usados e pútridos? A mensagem é: não importa, e você não saberia o que é o quê, mesmo que importasse.

Braun-Vega, expondo no quinto Salão Arte-Paris, realizado no Louvre Carroussel, pinta, pode-se dizer, encontros impossíveis: um nu de Velázques na companhia das senhoritas de Avignon, de Picasso, observado por um policial parisiense em uniforme completo do século XXI; o papa Pio IX lendo um jornal com um recente pronunciamento de João Paulo II; alegres camponeses de Bruegel saltitando num moderno restaurante especializado em *nouvelle cuisine*. Encontros *impossíveis*? Num mundo de vida moribunda e morte viva, o improvável virou irrevogável, e o extraordinário é rotineiro. Tudo é possível, na verdade inevitável, quando vida e morte perderem a distinção que lhes confere significado, tendo ambas se tornado similarmente revogáveis até segunda ordem. Afinal, era essa mesma distinção que dotava o tempo de linearidade, que separava a transitoriedade da duração e injetava sentido na ideia de progresso, degeneração e pontos sem retorno. Eliminada essa distinção, nenhuma dessas oposições constitutivas da ordem moderna retém qualquer substância.

Villeglé, Valdes e Braun-Vega são artistas representativos da era líquido-moderna. De uma era que perdeu a autoconfiança e, com ela, a coragem de imaginar e esboçar (muito menos perseguir) modelos de perfeição, a condição que não exige nem permite o aperfeiçoamento e na qual toda nova mudança só pode mudar para pior. Ao contrário da era precedente, da modernidade "sólida", que vivia para a "eternidade" (termo sintético para um estado de eterna, monótona e irrevogável mesmice), a modernidade líquida não estabelece objetivos nem traça uma linha terminal. Mais precisamente, só atribui a qualidade da permanência ao estado da transitoriedade. O tempo *flui* – não "marcha" mais. Há mudança, sempre mudança, nova mudança, mas sem destino, sem ponto de chegada e sem a previsão de uma missão cumprida. Cada momento vivido está prenhe de um novo começo *e* de um novo fim: antes inimigos declarados, agora irmãos siameses.

Os artistas aqui discutidos replicam em seus trabalhos os traços definidores da experiência líquido-moderna. A eliminação das oposições entre atos criativos e destrutivos, entre aprender e esquecer, passos à frente e para trás, assim como o corte da ponta da flecha do tempo: são esses os marcos da realidade vivida que Villeglé, Valdes e Braun-Vega reciclam em telas próprias para serem penduradas nas paredes das galerias. Não são os únicos: digerir essas novas qualidades do *Lebenswelt* e articular sua experiência talvez sejam as principais preocupações das artes, agora que foram lançadas num mundo sem "pessoas paradas" – um mundo no qual não mais se confia que permanecerá parado pelo tempo necessário para que o artista termine sua representação pictórica. Isso se expressa repetidas vezes – na tendência a reduzir o tempo de vida dos produtos artísticos a uma performance, um happening, no máximo à duração de uma exposição com os minutos contados; na preferência por materiais frágeis e quebradiços, eminentemente degradáveis e perecíveis entre aqueles dos quais são feitos os objetos de arte; nos trabalhos feitos de terra, que não podem ser visitados por muita gente, nem sobreviver por muito tempo, graças aos caprichos de um clima inclemente; no todo – ao incorporar a iminência da degradação e o desaparecimento da presença material da criação artística. Como postulou De Kooning: "O conteúdo é um lampejo". E como Yves Michaud resumiu tudo isso, o espaço em que a estética comemora seu último triunfo está esvaziado das "obras de arte" – pelo menos das obras de arte "como as conhecíamos", ou seja, objetos "com aura", preciosos e raros, capazes de desencadear uma experiência singular, sublime e refinada em ocasiões e lugares únicos, e de fazê-lo por longas, talvez infinitas, extensões de tempo.[15]

No alto de uma colina que se ergue nas cercanias de Saltdal, cidadezinha de Nørland, a província mais setentrional da Noruega, o artista Gediminas Urbonas instalou quatro contêineres, cada qual guardando uma obra de arte. Trata-se de um sinal incomum na paisagem tristemente monótona de uma região próxima aos gelos eternos do Círculo Ártico, de modo que quase todos os motoristas que por ali passam param seus carros e sobem ao topo da colina para admirar o que possa ter sido colocado dentro dos contêineres. Em três deles, encontram um *objet d'art* regular ao lado de um *ready-made* e de um objeto de aparência bizarra. Também descobrem que o quarto contêiner está vazio. Ou, mais precisamente, que não contém nenhum objeto material, embora, apesar (ou por causa) disso, esteja cheio de significado. Invariavelmente, todo visitante casual passa a maior parte do tempo na colina a contemplar o buraco vazio...

Rauschenberg uma vez apagou alguns desenhos de seu amigo De Kooning e os colocou, as folhas em branco, porém manchadas, em exibição ao lado de outras, que não tinham sido apagadas.

Foi a arte representativa que discutimos aqui, e Villeglé, Valdes, Braun-Vega, Urbonas e Rauschenberg são artistas representativos, concebivelmente os mais representativos do mundo que representam: o mundo líquido-moderno.

· 4 ·

Buscar abrigo na Caixa de Pandora
– ou medo, segurança e a cidade

"Na ausência de conforto existencial, agora nos decidimos pela segurança, ou pela aparência de segurança", escrevem os organizadores da *Hedgehog Review* na introdução de um número especial dedicado ao medo.[1]

O solo sobre o qual nossas expectativas de vida têm de se apoiar é reconhecidamente instável – tal como nossos empregos e as empresas que os oferecem, nossos parceiros e redes de amizade, a posição que ocupamos na sociedade e a autoestima e autoconfiança dela decorrentes. O "progresso", que já foi a mais extrema manifestação de otimismo radical, promessa de felicidade universalmente compartilhada e duradoura, deslocou-se para o polo de previsão exatamente oposto, não tópico e fatalista. Agora significa uma ameaça de mudança inflexível e inescapável que pressagia não a paz e o repouso, mas a crise e a tensão contínuas, impedindo qualquer momento de descanso; uma espécie de dança das cadeiras em que um segundo de desatenção resulta em prejuízo irreversível e exclusão inapelável. Em vez de grandes expectativas e doces sonhos, o "progresso" evoca uma insônia repleta de pesadelos de "ser deixado para trás", perder o trem ou cair da janela de um veículo em rápida aceleração.

Incapazes de reduzir o ritmo espantoso da mudança, muito menos de prever e controlar sua direção, nós nos concentramos no que podemos ou acreditamos poder, ou no que nos garantem que podemos influenciar: tentamos calcular e minimizar o risco de nós pessoalmente, ou das pessoas que atualmente nos são mais próximas e mais queridas, sermos atingidos pelos incontáveis e indefiníveis perigos que o mundo opaco e seu futuro incerto nos reservam. Absorvemo-nos em observar "os sete sinais do câncer" ou "os cinco sintomas da depressão", ou em exorcizar o espectro da hipertensão e do colesterol alto, do estresse ou da obesidade. Em outras palavras, buscamos alvos substitutos, nos quais possamos descarregar o excesso de medo impedido de ter acesso aos escoadouros naturais, e encontramos esses paliativos nas cuidadosas precauções contra a fumaça do cigarro, a obesidade, a comida de lanchonete, o sexo desprotegido ou a exposição ao sol. Aqueles que podem dar-se a esse luxo se munem contra todos os perigos visíveis e invisíveis, presentes ou previstos, conhecidos ou ainda desconhecidos, difusos, mas ubíquos, trancando-se por trás de muros, equipando os acessos aos blocos residenciais com câmeras de TV, contratando seguranças armados, dirigindo veículos blindados (como os notórios utilitários esportivos), usando roupas à prova de bala (como "sapatos de solas grossas") ou frequentando aulas de artes marciais. "O problema", como insinua David L. Altheide, "é que essas atividades reafirmam e ajudam a produzir o senso de desordem que nossas ações aceleram."[2] Cada chave extra na porta da frente em resposta a sucessivos rumores sobre criminosos de aparência estrangeira e comportamento agressivo, cada revisão da dieta em resposta ao novo "pânico alimentar" faz o mundo parecer *mais* traiçoeiro e assustador e provoca *mais* ações defensivas – que, com certeza, terão o mesmo efeito. Nossos medos se tornaram autoperpetuadores e autorreforçadores. Também adquiriram um impulso próprio.

Muito dinheiro pode ser ganho com a insegurança e o medo – e é. "Os publiciários", comenta Stephen Graham, "têm explorado deliberadamente o medo generalizado de catástrofes provocadas pelo terrorismo para incrementar as vendas de utilitários esportivos, altamente lucrativas."[3] Esses monstros sedentos por gasolina, equivocadamente denominados "veículos utilitários esportivos", já alcançaram 45% do total das vendas de automóveis nos Estados Unidos e estão ingressando no dia a dia das cidades como "cápsulas defensivas". O utilitário esportivo é

> Um sinônimo de segurança que, como as comunidades cercadas em que tão frequentemente circula, é retratado nos anúncios como sendo imune à vida urbana lá de fora, arriscada e imprevisível ... Esses veículos parecem aliviar o medo que sentem as classes médias urbanas quando se deslocam – ou ficam presas no trânsito – em sua cidade "natal".

Tal como o dinheiro líquido pronto para qualquer tipo de investimento, o capital do medo pode ser dirigido a qualquer tipo de lucro, comercial ou político. E é. A segurança pessoal tornou-se um dos principais pontos de venda, talvez *o* principal, em toda espécie de estratégias de marketing. O lema "lei e ordem", cada vez mais reduzido à promessa de segurança pessoal, tornou-se um dos principais pontos de venda, talvez *o* principal, nos manifestos políticos e nas campanhas eleitorais. A exibição de ameaças à segurança pessoal tornou-se um dos principais trunfos, talvez *o* principal, na guerra por audiência na mídia (ampliando ainda mais os êxitos tanto do marketing quanto dos usos políticos do capital do medo). Como diz Ray Surette, o mundo visto pela TV parece um de "cidadãos-ovelhas" sendo protegidos de "criminosos-lobos" por "policiais-cães pastores".[4]

Tudo isso não pode deixar de afetar – na verdade, revolucionar – as condições da vida urbana, nossa percepção da existência na cidade e as esperanças e apreensões que tendemos a associar a esse ambiente. E quando falamos das condições da vida urbana, estamos falando das condições da humanidade. Segundo as projeções atuais, dentro de mais ou menos duas décadas, dois em cada três seres humanos viverão em cidades, e nomes raramente ouvidos, como Chongking, Shenyan, Oune, Ahmadabad, Surat ou Yangon abrigarão, cada uma, mais de 5 milhões de pessoas congestionadas numa conurbação – tal como outros nomes, como Kinshasa, Abidjan ou Belo Horizonte, hoje mais associados a férias exóticas do que à linha de frente das batalhas contemporâneas da modernização. Os recém-chegados à primeira divisão das aglomerações urbanas, a maioria já ou quase falida, terão ao menos de tentar "superar em 20 anos o mesmo tipo de problemas que Londres ou Nova York só conseguiram resolver, com dificuldade, em 150".[5] O que hoje sabemos dos notórios temores e das preocupações que infestam as grandes cidades mais antigas podem muito bem empalidecer diante das adversidades que os novos gigantes precisarão confrontar.

Nosso planeta tem um longo caminho a percorrer para se tornar a "aldeia global" de Marshall McLuhan, mas as aldeias de todo o planeta estão se tornando rapidamente globalizadas. Muitos anos atrás, Robert Redfield, tendo explorado o que restava do mundo rural pré-moderno, concluiu que a "cultura camponesa", incompleta e dependente, não pode ser adequadamente descrita, muito menos compreendida, exceto no arcabouço de sua vizinhança, incluindo uma cidade no qual seus habitantes estão vinculados pela interdependência. Cem anos passados, podemos dizer que o único arcabouço em que tudo o que é rural deve ser visto para ser adequadamente descrito e explicado é o do *planeta*. Incluir no quadro uma cidade próxima, grande que seja, não basta. Tanto a aldeia quanto a cidade são playgrounds de forças que estão muito além do alcance delas e dos processos que essas forças colocam em movimento e que ninguém – nem os habitantes das aldeias e das cidades afetadas, nem sequer os próprios deflagradores – é capaz de compreender, muito menos controlar. O antigo provérbio que dizia que os homens atiram, mas Deus conduz as balas, deve ser reformulado: os moradores de aldeias e cidades podem estar lançando os mísseis, mas quem os conduz são os mercados globais.

Na sua coluna regular "Countryside commentary", o *Corner Post* de 24 de maio de 2002 publicou um artigo de Elbert van Donkersgoed (consultor estratégico de orientação política da Federação de Agricultores Cristãos de Ontário, no Canadá) sob o título elucidativo de "O prejuízo colateral da globalização".[6] "A cada ano produzimos mais comida com menos pessoas e um uso mais prudente dos recursos", observa Donkersgoed. "Os agricultores têm trabalhado com mais inteligência, investindo em tecnologia poupadora de mão de obra e num gerenciamento mais ajustado com a produção de qualidade." Cada vez menos pessoas são necessárias para fazer o trabalho. Nos quatro anos anteriores a fevereiro de 2002, 35 mil delas desapareceram das estatísticas de Ontário ao se tornar irrelevantes pelo "progresso tecnológico" e substituídas por uma nova e aperfeiçoada tecnologia (ou seja, mais poupadora de mão de obra). A questão, porém, é que, de acordo com os livros clássicos de economia e, na verdade, com a lógica mundana, esse avanço espetacular na produtividade deveria ter tornado a área rural de Ontário mais próspera e aumentado os lucros de seus agricultores – mas não havia sinal dessa crescente opulência. Van Donkersgoed explicita a conclusão que nos vem à mente: "Os benefícios dos ganhos de produtividade no campo estão se acumulando em outros setores da economia. Por que motivo? A globalização." Para ele, a globalização gerou "um padrão de fusão e aquisições pelas firmas que fornecem insumos agrícolas ... A explicação de que 'isso é necessário para ser competitivo em termos internacionais' pode ser verdadeira, mas essas fusões também criaram um poder monopolista" que "capta os benefícios dos ganhos da produtividade agrícola". "As grandes corporações", prossegue, "se tornam predadores gigantes e então capturam os mercados. Elas podem usar – e efetivamente usam – o poder econômico para obter o que quiserem do campo. As trocas voluntárias e o comércio entre iguais estão dando lugar a uma economia agrária marcada pelo comando e controle."

Afastemo-nos agora alguns milhares de quilômetros a leste e ao sul de Ontário, até a Namíbia, estatisticamente um dos mais prósperos países da África. Como relata Keen Shore: na última década, a população rural da Namíbia, até hoje um país predominantemente agrário, caiu sensivelmente, enquanto a população da capital, Windhoek, dobrou.[7] A população excedente e redundante das áreas rurais se mudou para as favelas que brotaram em torno da cidade, relativamente abastada, atraída pela "esperança, não pela realidade", já que hoje em dia "há menos empregos do que candidatos". "O número de pessoas que chegam, comparado à expansão da economia urbana em Windhoek, indica que deve haver uma quantidade enorme de pessoas que de fato não estão obtendo rendimentos", como descobriu Bruce Frayne, planejador regional urbano na Namíbia e pesquisador financiado pela Universidade Queens do Canadá. A Namíbia rural continua produzindo excedentes de mão de obra, enquanto o crescimento do capital em sua área urbana é muito pequeno para acomodá-los. De alguma forma, os lucros extras prometidos pelo aumento da produtividade agrícola nem ficaram no campo nem chegaram às cidades. Poderíamos, seguindo Van Donkersgoed, indagar por que motivo. E, como ele, responder: a globalização.

Nas partes do planeta situadas do lado receptor das pressões globalizadoras, observa Jeremy Seabrook, "as cidades se tornaram campos de refugiados para as pessoas expulsas da vida rural". Ele então prossegue descrevendo a vida urbana que essas pessoas provavelmente encontram:

> Ninguém lhes dá trabalho. Elas se transformam em condutores de riquixás ou empregados domésticos: compram um punhado de bananas e as esparramam na calçada para vender; oferecem-se como porteiros ou operários. Esse é o setor informal. Na Índia, menos de 10% das pessoas estão empregadas na economia formal, e esse percentual está sendo reduzido com a privatização das empresas estatais.[8]

Nan Ellin, que está entre os pesquisadores mais críticos e os analistas mais perspicazes das tendências urbanas contemporâneas, assinala que proteger-se do perigo era "um dos principais incentivos para a construção de cidades, cujas fronteiras eram frequentemente definidas por amplas muralhas ou cercas, desde as antigas aldeias da Mesopotâmia até as cidades medievais e os povoados dos indígenas da América".[9] Muralhas, fossos ou paliçadas assinalavam a divisa entre "nós" e "eles", ordem e confusão, paz e guerra: os inimigos eram aqueles deixados do outro lado da cerca e impedidos de atravessá-la. "De um lugar relativamente seguro", contudo, a cidade passou a ser relacionada, principalmente nos últimos cem anos mais ou menos, "mais ao perigo do que à segurança." Hoje em dia, numa curiosa inversão de seu papel histórico e em desafio às intenções e expectativas originais, nossas cidades estão rapidamente se transformando de refúgio dos perigos na principal fonte destes. Diken e Laustsen chegam a sugerir que o milenar "vínculo entre civilização e barbárie se inverteu. A vida urbana se transforma num estado de natureza caracterizado pelo domínio do terror, acompanhado pelo medo onipresente."[10]

Podemos afirmar que as fontes de perigo se mudaram para o coração da cidade. Amigos, inimigos e sobretudo os ardilosos e misteriosos forasteiros que circulam ameaçadoramente entre os dois extremos agora se misturam e se esbarram nas ruas das metrópoles. A guerra contra a insegurança, os perigos e os riscos agora estão *dentro* da cidade, onde se definem os limites dos campos de batalha e se traçam as linhas entre as frentes. Trincheiras e *bunkers* fortemente blindados destinados a separar os estranhos, mantê-los à distância e barrar sua entrada estão se tornando rapidamente um dos aspectos mais visíveis das aglomerações urbanas contemporâneas – embora assumam diversas formas e seus arquitetos façam o possível para fundir suas criações à paisagem, "normalizando" desse modo o estado de emergência em que vivem os moradores viciados em segurança.

As formas mais comuns de fortalezas defensivas são as "comunidades fechadas" (com ênfase, segundo os folhetos dos corretores imobiliários e as práticas dos moradores, no "fecho", não na "comunidade"), cada vez mais populares, com seguranças obrigatórios e monitores de vídeo na entrada. O número de "comunidades fechadas" nos Estados Unidos já passa de 20 mil, enquanto sua população é superior a 8 milhões de pessoas. O significado de "fechada" torna-se a cada ano mais elaborado: um condomínio da Califórnia chamado Desert Island, por exemplo, é cercado por um fosso de 25 acres. Brian Murphy construiu uma casa para Dennis Hopper em Venice, Califórnia, com uma fachada de metal corrugado, sem janelas, ao estilo *bunker*. O mesmo arquiteto construiu outra casa luxuosa em Venice dentro dos muros de uma antiga estrutura em ruínas, cobrindo-a primeiro com grafites a fim de submergi-la num bairro totalmente entregue ao vandalismo.

A *invisibilidade* planejada e produzida é uma tendência que se espalha numa arquitetura urbana guiada pelo medo. Outra tendência é a *intimidação*, seja por um exterior atemorizante cuja aparência de fortaleza fica ainda mais desconcertante e humilhante devido a uma profusão de guaritas de verificação e seguranças uniformizados altamente ostensivos, seja pela insolente e arrogante exibição de ornamentos provocativamente ricos, extravagantes e intimidantes.

A arquitetura do medo e da intimidação se espalha sobre os espaços públicos urbanos, transformando-os de modo incansável, mas sub-reptício, em áreas estritamente vigiadas e controladas 24 horas por dia. A inventividade nesse campo não tem limites. Nan Ellis relaciona alguns dispositivos, na maioria de origem norte-americana, embora amplamente imitados – como os bancos "à prova de vagabundos", com formato de barris, combinados com sistemas de aspersão de água, que se encontram nos parques de Los Angeles (Copenhague foi um passo além, retirando todos os bancos da Estação Central e multando os passageiros à espera de conexões por se sentarem no chão), ou sistemas de aspersão combinados com o barulho ensurdecedor de música mecânica para afastar ociosos e vadios das imediações das lojas de conveniência.

As sedes das empresas e as lojas de departamentos, que há não muito tempo eram as maiores fornecedoras de espaços públicos urbanos, além de ímãs em seu interior, agora preferem mudar dos centros das cidades para ambientes artificiais planejados a partir do zero, com algumas imitações da parafernália urbana, como lojas, restaurantes e alguns espaços de convivência, para disfarçar a eficácia com que as principais atrações da cidade – a espontaneidade, a flexibilidade, a capacidade de surpreender e as ofertas de aventuras (todas as razões pelas quais a Stadtluft era vista como capaz de *frei machen*) – foram extirpadas e exorcizadas. Como exemplo dessa tendência carregada de simbolismo, tome-se a fileira de escritórios de empresas na orla marítima de Copenhague, imponentes, mas decididamente não acolhedores, pesadamente fortificados e escrupulosamente cercados, destinados a ser admirados à distância como os muros fechados do La Defense em Paris – admirados, mas não visitados. A mensagem é clara e compreensível: os que trabalham para as empresas no interior dos prédios habitam o ciberespaço *global*, seu vínculo físico com o espaço da *cidade* é perfunctório, frágil e contingente – e a grandiosidade arrogante e presunçosa das fachadas monolíticas, com apenas alguns pontos de entrada cuidadosamente camuflados, anuncia exatamente isso. Os de dentro estão *no, mas* não são *do,* lugar em que os escritórios foram erguidos. Seus interesses não estão mais investidos na cidade em que por acaso montaram temporariamente suas tendas; o único serviço que cobram das autoridades urbanas é deixá-los a sós. Exigindo pouco, não se sentem obrigados a oferecer muito em troca.

Richard Rogers, um dos mais consagrados e aclamados arquitetos britânicos, advertiu os participantes de um simpósio sobre o planejamento urbano realizado em Berlim no ano de 1990:

> Quando sugerimos um projeto a um investidor, imediatamente ele pergunta: "Para que se precisa de árvores, por que arcadas?" Os construtores só estão interessados no espaço do escritório. Se não for possível garantir que o prédio vai se amortizar em dez anos no máximo, não há por que abordá-los.[11]

Rogers descreve Londres, onde aprendeu essa amarga lição, como uma "cidade politicamente paralisada que parece estar totalmente nas mãos dos urbanistas". Quando se trata de reformas absolutamente cruciais do espaço urbano, como a das Docas de Londres, as maiores da Europa, os planos foram aprovados com critérios menos rigorosos do que teria ocorrido com "o projeto de instalação do letreiro luminoso de um restaurante de peixe com fritas na East India Dock Road". O espaço público foi a primeira baixa de uma cidade que está perdendo a árdua luta para deter ou pelo menos reduzir o avanço inexorável da força avassaladora da globalização. E assim, conclui Rogers, "o que você precisa basicamente é de uma instituição que proteja o espaço público".

Bem, é mais fácil falar do que fazer... Onde está essa instituição a ser encontrada? E se alguém encontrá-la, como poderá capacitá-la a realizar essa tarefa?

Até agora, os resultados do planejamento urbano, tanto de hoje como do passado, não são absolutamente encorajadores. Sobre o destino do planejamento da cidade de Londres, seu incisivo contador de histórias John Reader tem a dizer o seguinte:

> A ordem e a distribuição sociais da população de Londres estavam mudando – mas de uma forma que não se relacionava de modo algum com o que os planejadores podiam ter vislumbrado ou imaginado ser ideal. Foi um exemplo clássico do modo como o fluxo da economia, da sociedade e da cultura pode contradizer – até mesmo invalidar – as ideias e teorias defendidas pelos planejadores.[12]

Nas três primeiras décadas do pós-guerra, Estocolmo – cidade que aceitou e adotou de coração a crença dos grandes visionários modernos e a mentalidade modernista de que, remodelando-se os espaços ocupados pelas pessoas, poder-se-ia aperfeiçoar a forma e a natureza da sociedade – talvez se tenha aproximado mais do que qualquer outra grande cidade da implementação de uma "utopia socialdemocrática". As autoridades municipais de Estocolmo forneciam a todos e cada um de seus habitantes não apenas acomodações adequadas, mas todo o inventário de amenidades que deixariam a vida mais feliz e uma existência totalmente protegida. Mas, de um modo inesperado para os planejadores, em questão de apenas três décadas o humor e a disposição do público começou a mudar. As bênçãos da ordem planejada foram postas em dúvida e, o que é irônico, exatamente pelas pessoas jovens nascidas no espaço que fora remodelado tendo em mente uma vida mais feliz para seus habitantes. Os cidadãos de Estocolmo, particularmente os mais jovens, preferiram abandonar a acomodação comunal totalmente prevista, em que tudo tinha sido levado em conta e tudo era fornecido, e se lançaram de cabeça nas águas turbulentas do mercado imobiliário privado. O resultado dessa fuga maciça, como descobriu Peter Hall, foi no todo pouco atraente, "com casas coladas umas nas outras em fileiras uniformes e pouco criativas, reminiscentes dos piores tipos de subúrbios norte-americanos" – "mas a demanda era enorme e foram facilmente vendidas".[13]

A insegurança alimenta o medo. Não surpreende que a guerra contra a insegurança ocupe lugar de destaque na lista de prioridades dos planejadores urbanos; ou pelo menos estes acreditam que deveria e, se indagados, insistem nisso. O problema, porém, é que quando a insegurança se vai, a espontaneidade, a flexibilidade, a capacidade de surpreender e a oferta de aventuras, principais atrações da vida urbana, também tendem a desaparecer das ruas da cidade. A alternativa à insegurança não é a bênção da tranquilidade, mas a maldição do tédio. É possível superar o medo e ao mesmo tempo fugir do tédio? Pode-se suspeitar que esse quebra-cabeça é o maior dilema a confrontar os planejadores e arquitetos urbanos – um dilema para o qual ainda não se encontrou solução convincente, satisfatória e incontestada, uma questão para a qual talvez não se possa achar uma resposta plenamente adequada, mas que (talvez pela mesma razão) continuará estimulando arquitetos e planejadores a produzir experimentos cada vez mais radicais e invenções cada vez mais ousadas.

Desde o início, as cidades têm sido lugares em que estranhos convivem em estreita proximidade, embora permanecendo estranhos. A companhia de estranhos é sempre assustadora (ainda que nem sempre temida), já que faz parte da natureza dos estranhos, diferentemente tanto dos amigos quanto dos inimigos, que suas intenções, maneiras de pensar e reações a condições comuns sejam desconhecidas ou não conhecidas o suficiente para que se possa calcular as probabilidades de sua conduta. Uma reunião de estranhos é um lócus de *imprevisibilidade* endêmica e incurável. Pode-se dizer isso de outra forma: os estranhos incorporam o *risco*. Não há risco sem pelo menos algum resquício de medo de um dano ou perda, mas sem risco também não há chance de ganho ou triunfo. Por essa razão, os ambientes carregados de risco não podem deixar de ser vistos como locais de intensa ambiguidade, o que, por sua vez, não deixa de evocar atitudes e reações ambivalentes. Os ambientes repletos de risco simultaneamente atraem e repelem, e o ponto em que uma reação se transforma no seu oposto é eminentemente variável e mutante, virtualmente impossível de apontar com segurança, que dirá de fixar.

O espaço é "público" na medida em que os homens e mulheres com entrada permitida e dispostos a entrar *não* sejam pré-selecionados. Não se exigem passes nem há registro de quem entra e de quem sai. Portanto, a presença no espaço público é anônima, e, assim sendo, inevitavelmente, os que nele aparecem tendem a ser mutuamente estranhos, da mesma forma que as pessoas encarregadas do espaço. Os espaços públicos são locais em que os estranhos se encontram e portanto constituem condensações e encapsulações dos traços definidores da vida urbana. É nos espaços públicos que a vida urbana, com tudo que a separa de outras formas de convívio humano, alcança sua expressão mais plena, em conjunto com suas alegrias e tristezas, premonições e esperanças mais características.

Os espaços públicos são, por esses motivos, os locais em que a atração e a repulsão competem entre si em proporções que se alteram de modo rápido e contínuo. São, portanto, locais vulneráveis, expostos a ataques esquizofrênicos ou maníaco-depressivos, mas também os únicos em que a atração tem uma chance de superar ou neutralizar a repulsão. São, em outras palavras, os lugares em que os modos e as formas de vida urbana satisfatória são descobertos, aprendidos e praticados em primeiro lugar. Os espaços públicos são os pontos em que o futuro da vida urbana (e, considerando-se que a crescente maioria da população do planeta se constitui de habitantes urbanos, também o futuro da coabitação planetária) está atravessando seu momento decisivo.

Sejamos precisos: isso se aplica não exatamente a quaisquer espaços públicos, mas apenas àqueles que se rendem tanto à ambição modernista de aniquilar e nivelar as diferenças quanto à tendência pós-modernista de calcificar as diferenças por meio da separação e do estranhamento mútuos. Isso se aplica aos espaços públicos que reconhecem o valor criativo e de vivacidade da diferença, ao mesmo tempo em que encorajam as diversidades a se engajar num diálogo significativo. Novamente citando Nan Ellin, "ao permitir que a diversidade (de pessoas, atividades, crenças etc.) viceje", o espaço público torna possível integrar (ou reintegrar) "sem suprimir as diferenças; de fato, ele as celebra. O medo e a insegurança são aliviados pela preservação da diferença juntamente com a capacidade de se movimentar livremente pela cidade." É a tendência a se retirar dos espaços públicos e recolher-se a ilhas de mesmice que com o tempo se transforma no maior obstáculo ao convívio com a diferença – fazendo com que as habilidades do diálogo e da negociação venham a definhar e desaparecer. É a *exposição à diferença* que com o tempo se torna o principal fator da coabitação feliz, fazendo com que as raízes urbanas do medo venham a definhar e desaparecer.

Como as coisas agora caminham por impulso próprio, podemos perceber o crescente perigo de que o domínio público seja reduzido, como explica detalhadamente Jonathan Manning, do escritório de arquitetura sul-africano Ikemeleng Architects, a um "local inútil e apertado entre bolsões de espaço privado".

A interação humana nesse local estéril e abandonado limita-se ao conflito entre motoristas e pedestres, entre quem tem e quem não tem, quer isso signifique mendigar e vender produtos nos sinais de trânsito, nos engarrafamentos e a passantes distraídos, ou assaltos a estabelecimentos comerciais e sequestros de automóveis. As interfaces entre o domínio público e os espaços privados ... são as fachadas das lojas para a venda de produtos ou os elaborados mecanismos destinados a manter as pessoas do lado de fora – portarias, muros, arame farpado, cercas eletrificadas.[14]

Manning conclui sua análise apelando a uma "mudança de foco do planejamento de espaços privados para o projeto de um domínio público mais amplo, que seja ao mesmo tempo utilizável e estimulante ... Algo que precisa suprir uma variedade de usos alternativos e funcionar como um catalisador, e não como um obstáculo à interação humana." Quanto a Nan Ellin, ela resume seu estudo defendendo a necessidade de um "urbanismo integral", uma abordagem que enfatize "a conexão, a comunicação e a celebração". E acrescenta: "Agora estamos enfrentando a tarefa de construir a cidade de uma forma que alimente as comunidades e os ambientes que, em última instância, a sustentam. Não é uma tarefa fácil. Mas é essencial."

Não pode haver dúvida alguma quanto à prudência e à urgência desses apelos. O que resta é enfrentar essa tarefa que, reconhecidamente, "não é fácil" e, no entanto, é essencial. É uma das tarefas mais difíceis com a qual se confronta este planeta em rápido processo de globalização, mas precisa ser encarada de forma direta e enfrentada com a máxima urgência. E não apenas pelo conforto dos cidadãos urbanos. Como Lewis H. Morgan descobriu há muito tempo, a arquitetura "permite uma completa ilustração do progresso desde a selvageria até a civilização".[15]

O "progresso até a civilização", permitam-me acrescentar, que agora viemos a compreender não como uma realização de tipo único, mas como uma luta diária contínua; uma luta que nunca é plenamente vitoriosa e que provavelmente jamais atingirá a linha de chegada, mas que sempre será estimulada pela esperança de vitória.

· 5 ·

Os consumidores na sociedade líquido-moderna

A sociedade de consumo tem por premissa satisfazer os desejos humanos de uma forma que nenhuma sociedade do passado pôde realizar ou sonhar. A promessa de satisfação, no entanto, só permanecerá sedutora enquanto o desejo continuar irrealizado; o que é mais importante, enquanto houver uma suspeita de que o desejo não foi plena e totalmente satisfeito. Estabelecer alvos fáceis, garantir a facilidade de acesso a bens adequados aos alvos, assim como a crença na existência de limites objetivos aos desejos "legítimos" e "realistas" – isso seria como a morte anunciada da sociedade de consumo, da indústria de consumo e dos mercados de consumo. A *não* satisfação dos desejos e a crença firme e eterna de que cada ato visando a satisfazê-los deixa muito a desejar e pode ser aperfeiçoado – são esses os anúncios da economia que têm por alvo o consumidor.

A sociedade de consumo consegue tornar permanente a insatisfação. Uma forma de causar esse efeito é depreciar e desvalorizar os produtos de consumo logo depois de terem sido alçados ao universo dos desejos do consumidor. Uma outra forma, ainda mais eficaz, no entanto, se esconde da ribalta: o método de satisfazer toda necessidade/desejo/vontade de uma forma que não pode deixar de provocar novas necessidades/desejos/vontades. O que começa como necessidade deve terminar como compulsão ou vício. E é isso que ocorre, já que o impulso de buscar nas lojas, e só nelas, soluções para os problemas e alívio para as dores e a ansiedade é apenas um aspecto do comportamento que recebe a permissão de se condensar num hábito e ainda é avidamente estimulado a fazê-lo. Mas isso acontece também por outra razão. Como mostrou o falecido Ivan Illich, a maioria dos males que hoje exigem tratamento médico é constituída de doenças "iatrogênicas", ou seja, condições patológicas causadas por terapias anteriores: o "lixo", por assim dizer, da indústria médica. Mas a mesma tendência pode ser facilmente detectada na indústria de consumo como um todo. Hazel Curry recentemente ofereceu o excelente exemplo de uma tendência universal: a medicina constatou uma epidemia de "irritação da pele" que se espalhou com a velocidade de um raio e afetou até agora 53% dos ocidentais. Só alguns desses casos podem ser atribuídos ao fenômeno geneticamente determinado de "pele sensível". A maioria é de pele *sensibilizada*, uma pele que se *tornou* sensível "sob a influência de um severo tratamento da epiderme". Numa sociedade de consumidores, a expansão da acne entre a população adulta só pode significar a expansão da demanda de consumo e do mercado para produtos de consumo. "Marcas voltadas para dessensibilizar a pele, como Chantecaille, Liz Earle e o dr. Hauschka, têm obtido amplo sucesso nos últimos anos. Em consequência disso, marcas maiores, bem estabelecidas, incluindo Dermalogica, Jurlique e mais recentemente Carita, lançaram linhas similares."[1] Susan Harmsforth, uma das mais famosas especialistas da área e ela própria fundadora de uma dessas marcas, agora aconselha as vítimas dessa epidemia "a usar um ou dois produtos de uma linha suave durante um mês" e depois "introduzir um produto ou tratamento por mais um mês sob a orientação de um terapeuta". É previsível que novas linhas sejam oferecidas, com novos conselhos semelhantes, dentro de alguns anos, quando os efeitos das terapias atuais para os remanescentes das terapias passadas se tornarem visíveis e a profissão médica anunciar a chegada de uma nova epidemia.

Para que a busca de realização possa continuar e novas promessas possam mostrar-se atraentes e sedutoras, as promessas já feitas precisam ser quebradas, e as esperanças de realizá-las, frustradas. Um mar de hipocrisia que se estende das crenças populares às realidades da vida dos consumidores é condição *sine qua non* para que uma sociedade de consumidores funcione apropriadamente. Toda promessa *deve* ser enganosa, ou pelo menos exagerada, para que a busca continue. Sem a repetida frustração dos desejos, a demanda pelo consumo se esvaziaria rapidamente, e a economia voltada para o consumidor perderia o gás. É o *excesso* da soma total de promessas que neutraliza a frustração provocada pelo excesso de cada uma delas, impedindo que a acumulação de experiências frustrantes solape a confiança na eficácia final dessa busca.

Por essa razão, o consumismo é uma economia do logro, do excesso e do lixo; logro, excesso e lixo não sinalizam o mau funcionamento da economia, mas constituem uma garantia de saúde e o único regime sob o qual uma sociedade de consumidores pode assegurar sua sobrevivência. A pilha de expectativas malogradas tem um paralelo na crescente montanha de ofertas descartadas das quais se esperava (pois prometiam) que satisfariam os desejos dos consumidores. A taxa de mortalidade das expectativas é elevada, e, numa sociedade de consumo funcionando adequadamente, espera-se que cresça continuamente. A expectativa de vida das esperanças é minúscula, e só uma taxa de fecundidade extraordinariamente elevada pode salvá-las da diluição e da extinção. Para que as expectativas se mantenham vivas e novas esperanças preencham o vazio deixado por aquelas já desacreditadas e descartadas, o caminho da loja à lata de lixo deve ser curto, e a passagem, rápida.

Vida de consumo

Todos os seres humanos são e sempre foram consumidores, e nossa preocupação com o consumo não é novidade; decerto precede o advento da variedade "líquida" da modernidade. Seus antecedentes podem ser facilmente identificados em tempos bem distantes do nascimento do consumismo contemporâneo. É portanto altamente ineficiente e equivocado examinar simplesmente a lógica do consumo (sempre uma atividade profundamente individual e solitária, mesmo quando realizada em conjunto) a fim de compreender o fenômeno do consumidor atual. Em vez disso, é necessário focalizar a verdadeira novidade, que é de natureza basicamente social e apenas secundariamente psicológica ou comportamental: o consumo individual realizado no ambiente de uma *sociedade* de consumidores.

Uma "sociedade de consumidores" não é apenas a soma total dos consumidores, mas uma totalidade, como diria Durkheim, "maior do que a soma das partes". É uma sociedade que (para usar uma antiga noção que já foi popular sob a influência de Althusser) "interpela" seus membros basicamente, ou talvez até exclusivamente, como consumidores; e uma sociedade que julga e avalia seus membros principalmente por suas capacidades e sua conduta relacionadas ao consumo.

Dizer "sociedade de consumidores" é dizer mais, muito mais, do que apenas verbalizar a observação trivial de que, tendo considerado agradável o consumo, seus membros gastam a maior parte de seu tempo e esforços tentando ampliar tais prazeres. É dizer, além disso, que a percepção e o tratamento de praticamente todas as partes do ambiente social e das ações que evocam e estruturam tendem a ser orientados pela "síndrome consumista" de predisposições cognitivas e avaliativas. A "política de vida", que contém a Política com "P" maiúsculo, assim como a natureza das relações interpessoais, tende a ser remodelada à semelhança dos meios e objetos de consumo e segundo as linhas sugeridas pela *síndrome consumista*.

Uma vez mais, essa síndrome sugere mais, muito mais, do que um fascínio pelas alegrias da ingestão e digestão, pelas sensações prazerosas e por "divertir-se" ou "curtir". É realmente uma *síndrome*: uma série de atitudes e estratégias, disposições cognitivas, julgamentos e prejulgamentos de valor, pressupostos explícitos e tácitos variados, mas intimamente interconectados, sobre os caminhos do mundo e as formas de percorrê-los, as visões da felicidade e as maneiras de persegui-las, as preferências de valor e (relembrando a expressão de Alfred Schütz) as "relevâncias tópicas".

O afastamento seminal que estabelece uma profunda separação entre a *síndrome consumista* e sua antecessora, a *síndrome produtivista* – aquela que sustenta a conjunção dos muitos impulsos, intuições e propensões diferentes, que contém e eleva esse todo agregado ao status de plano de vida coerente – parece ser o *inverso dos valores associados à duração e à transitoriedade, respectivamente*. A síndrome consumista consiste antes de tudo na negação enfática da virtude da procrastinação, e da adequação e conveniência de retardar a satisfação – os dois pilares axiológicos da sociedade de produtores governada pela síndrome produtivista.

Na hierarquia herdada dos valores reconhecidos, a síndrome consumista degradou a duração e promoveu a transitoriedade. Colocou o valor da novidade acima do valor da permanência. Encurtou drasticamente o lapso de tempo que separa o querer do obter (como sugeriam muitos observadores, inspirados ou desorientados pelas agências de crédito), mas também abreviou o surgimento do anseio pelo seu desaparecimento, assim como a estreita brecha que separa a utilidade e a conveniência das posses de sua inutilidade e rejeição. Entre os objetos do desejo humano, colocou a apropriação, rapidamente seguida pela remoção de dejetos, no lugar de bens e prazeres duradouros.

Entre as preocupações humanas, a síndrome consumista coloca as precauções em relação à chance de as coisas animadas ou inanimadas durarem mais que o desejado no lugar da técnica de adotá-las rapidamente e no longo prazo (para não dizer num prazo interminável) da ligação e do compromisso. A *"síndrome consumista"* é uma questão de velocidade, excesso e desperdício.

Os consumidores experientes não se incomodam em destinar as coisas ao lixo; *ils (et elles, bien sûr) ne regrettent rien* – aceitam a curta duração das coisas e seu desaparecimento predeterminado com tranquilidade, ou por vezes com uma satisfação mal disfarçada. Os adeptos mais habilidosos e sagazes da arte consumista sabem como se regozijar por se livrar de coisas que ultrapassaram o tempo de uso (leia-se, de desfrute). Para os mestres dessa arte, o valor de cada objeto está igualmente em suas virtudes e limitações: os defeitos já conhecidos e aqueles que ainda serão inevitavelmente revelados prometem renovação e rejuvenescimento iminentes, novas aventuras, novas sensações, novas alegrias. Numa sociedade de consumidores, a perfeição (se é que essa noção ainda se sustenta) só pode ser a qualidade coletiva da massa, a multiplicidade de objetos de desejo; qualquer estímulo prolongado à perfeição agora exige menos aperfeiçoamento dos produtos do que profusão.

E assim, permitam-me repetir, a sociedade de consumo não é nada além de uma sociedade do excesso e da fartura – e portanto da redundância e do lixo farto. Quanto mais fluido o ambiente de suas vidas, mais os atores precisam de objetos potenciais de consumo para proteger suas apostas e garantir suas ações em relação aos caprichos do destino (rebatizados na linguagem sociológica de "consequências imprevistas"). O excesso, contudo, aumenta a incerteza das escolhas, algo que se esperava eliminar, ou pelo menos aliviar ou reduzir – e assim o excesso nunca é suficientemente excessivo. A vida dos consumidores é uma infinita sucessão de tentativas e erros. É uma experimentação contínua, mas não de um *experimentum crucis* capaz de conduzi-los a uma terra de certezas mapeadas e sinalizadas de modo fidedigno.

Cerquem suas apostas – eis a regra de ouro da racionalidade do consumo. Nessas equações existenciais, há principalmente variáveis e poucas constantes, se é que chega a haver alguma, e as variáveis têm seus valores alterados com demasiada frequência e rapidez para que seja possível acompanhar suas mudanças, muito menos adivinhar suas futuras guinadas e reviravoltas.

A vida de consumo é um jogo de cobras e escadas. Os caminhos que levam da base ao topo, e mais ainda os que conduzem do topo à base, são abominavelmente curtos – as subidas e descidas são tão rápidas quanto o lançar do dado, e ocorrem sem aviso, ou quase. A fama atinge rapidamente o ponto de ebulição e logo começa a evaporar. Observadores perspicazes podem identificar uma beldade sem teto dormindo debaixo de uma ponte e não há como dizer quão bela é essa beleza até que eles a tenham consagrado. Aquilo que se "deve" usar ou ser visto usando transforma-se em um "não se deve" num tempo menor do que o necessário para inspecionar o conteúdo de um guarda-roupa; que dirá para substituir o carpete por tacos. Nas revistas sobre estilo de vida responsáveis por ditar padrões, as colunas dedicadas a "novidades" ou "o que é *in*" (o que você deve ter, fazer e ser visto com e fazendo) aparecem ao lado daquelas devotadas a "o que é *out*" (o que você não deve ter ou fazer nem ser visto com ou fazendo). As informações sobre os últimos lançamentos vêm no mesmo pacote que as notícias sobre os últimos acréscimos ao depósito de lixo: o tamanho da segunda parte do pacote cresce de um número a outro da revista. Como Andy Fisher assinalou recentemente, a lógica da próxima "guinada consumista" foi prevista com perfeição pelo analista do mercado varejista Victor Leblow, escrevendo sobre a reconstrução do pós-guerra: "Precisamos de coisas consumidas, destruídas, gastas, substituídas e descartadas em uma taxa sempre crescente."[2]

Eis alguns exemplos, de improviso, mostrando essa lógica em ação.

Charlotte Abrahams, colunista do *Guardian*, adverte seus dedicados leitores num artigo recente intitulado "Manual do espaço": "Isso que você tem nas mãos é um papel de parede enfeitado com ramos? Jogue fora agora."[3] "Rosas e margaridas" agora são *passé*, fora de moda, exageradas: "A incansável roda do estilo" girou mais uma vez. Portanto, adivinharia o leitor, é hora de raspar o antigo (ou seja, o do ano passado) papel de parede. "O *look* que devemos adotar" é agora um tanto diferente – "floral gráfico". A especialista resume: "Creiam-me, eu adotei, e é fabuloso."

O que você coloca *no* seu corpo é uma forma reconhecidamente mais conveniente e confortável de se manter em dia com esta nossa época de alta velocidade do que aquilo que você faz com ele. As roupas que você veste (e certamente tira e joga fora logo em seguida) podem, com efeito, seguir/deslocar/substituir uma às outras em uma velocidade e frequência desconcertantes e inatingíveis; por exemplo, implantes nos seios, lipoaspiração, cirurgia plástica ou mesmo um passeio por todo o espectro dos produtos para tingir o cabelo. Para usar plenamente o seu potencial, você precisa de uma grande quantidade de informações constantemente atualizadas e de antenas permanentemente ligadas à conta bancária e aos cartões de crédito.

O volume de conhecimento exigido apenas para manter a posição é desconcertante: a multiplicidade vertiginosa de nomes, marcas e logotipos necessários para memorizar e estar pronto a esquecer, à medida que novas levas de ídolos-celebridades, empresas de design, gurus e distribuidores de moda que surgem do nada marcham com toques de trombeta e desaparecem. "Você deve ter notado que, em noites de lançamento e eventos do tipo, as celebridades não usam paletós", adverte Jess Cartner-Morley.[4] "Não é por causa de um microclima associado a uma estranha corrente marítima em torno de Leicester Square, mas porque os paletós simplesmente não têm glamour." A essa advertência se segue um conselho consolador sobre o que usar: "O outono/inverno foi dos tons de azul-escuro e mostarda (assumindo a paleta de Marni). Agora, seguindo Raf Simmons, é tudo pêssego e hortelã." Num encarte especial para o ano-novo de 2004, Tamsin Blanchard, Dee O'Connell e Polly Vernon alertam seus leitores: "O consagrado cabeleireiro James Brown espera que 2004 traga o fim dos penteados homogêneos que ele descreve como 'cabelo de

Pop Idol" [referência ao programa de televisão britânico exibido no canal ITV2 em que aspirantes a cantores concorrem ao título de novo ídolo pop] ... Mas o estilo que ele e seus seguidores de celebridades adotarão com todo o ardor em 2004 é: 'Glenn Close em *Atração Fatal*. Gosto de extravagância.' Salve o retorno do corte de cabelo repicado!"[5] O outro gênero também não tem permissão para descansar. "Diga adeus ao topete do Beckham. ... Tire-o e opte por um corte máquina dois, ou deixe-o cair, como Justin Hawkins do grupo Darkness." "Esteja atento a uma volta à elegância dos anos 1950 com um toque moderno – pense em Jude Law em *O talentoso Ripley*, calças imaculadamente brancas. ... Dê um beijo de adeus aos combates e ao cenário militar de 2003. Abrace o caftã, as túnicas bordadas, as calças largas e as estampas de caxemira." E o tiro de misericórdia: "Finalmente: enterre o azul-marinho" e prefira "explorar uma paleta mais ampla."

Com isso, você deve saber o que é o quê, onde se posicionar e o que fazer quando chegar a hora de se deslocar para outro lugar. É um conhecimento que se deve atualizar semanalmente – do contrário, você e os outros que o enxergam não saberão mais decidir "quem você é", e você mesmo não terá ideia quanto ao que obter para compor adequadamente sua imagem externa. A resposta à questão relativa à sua identidade não é mais um "engenheiro da Fiat (ou da Pirelli)", ou um "servidor público", ou um "mineiro" ou um "gerente de loja da Benetton", mas, como num recente comercial descrevendo uma pessoa que usaria o prestigioso logotipo nele anunciado, alguém que "adora filmes de terror, bebe tequila, usa saiote escocês, é fã do Dundee United F.C., da música dos anos 1980, da decoração dos anos 1970, viciado nos Simpsons, cria girassóis, a cor favorita é o cinza-escuro, fala com as plantas". No número seguinte da revista, aparece outra pessoa usando o mesmo logotipo: ele "adora gaita de foles, tem uma cobra de estimação, adora filmes de Hitchcock, tem 15 jeans, ainda usa máquina de escrever, lê ficção científica". Os dois "atestados de identidade" levam à mesma conclusão: "tudo está no *de-*

talhe". Desnecessário dizer que todos os detalhes mencionados e qualquer outra coisa mencionável estão disponíveis nas lojas.

O território da construção e reconstrução da identidade não é a única conquista da síndrome do consumo, além do reino das ruas luxuosas e dos shopping centers. De forma gradual mas incansável, toma conta das relações e dos vínculos entre os seres humanos. Por que os relacionamentos seriam uma exceção ao restante das regras da vida? Para funcionar propriamente e fornecer a satisfação prometida e esperada, os relacionamentos precisam de atenção constante e manutenção dedicada. Quanto mais tempo duram, mais difícil torna-se manter a atenção e o serviço de manutenção necessário ao dia a dia. Consumidores acostumados a produtos de consumo que envelhecem com rapidez e são prontamente substituídos acharão incômodo, além de um desperdício de tempo, preocupar-se com uma coisa dessas; e se, apesar disso, resolverem prosseguir, carecerão dos hábitos e habilidades necessários. Os casamentos, escreve Phil Hogan, sempre tiveram seus maus bocados e seus momentos críticos, curtos ou longos – a diferença agora "é a rapidez com que nos aborrecem. Lá se vão os tempos da crise dos sete anos. Segundo as últimas descobertas, entre oito meses e dois anos tornou-se o tempo ideal para desligar a tomada do matrimônio."[6] E ele explica: "É difícil ficar chocado com essas notícias. Não só isso parece estar perfeitamente de acordo com as modernas noções de compromisso e paciência (seria difícil esperar que uma nação encorajada a adotar a infindável novidade do mercado de trabalho flexível passasse muito tempo ocupada com um relacionamento), mas também diz alguma coisa sobre nossa ideia do que seja ser paciente."

Essa paciência cujo tempo de duração foi radicalmente reduzido leva à busca de fins rápidos e radicais para relacionamentos desagradáveis. Mas isso pode apresentar problemas específicos: para a maioria de nós, dizer a um parceiro que vá embora porque ele ou ela não fornece mais benefícios, ou os benefícios que fornece não são mais empolgantes, pode, afinal, mostrar-se mais angustiante do que livrar-se de um carro velho ou de um computador ultrapassado. A maioria dos consumidores propriamente treinados na arte de abrir caminho entre o remoinho de penteados, túnicas e calças coloridas receberá bem as instruções fornecidas pelos especialistas, destinadas àqueles que consideram cansativo e angustiante romper os vínculos. A Relate, instituição de caridade que fornece orientação sobre relacionamentos, oferece um curso de um dia que "aborda o que houve de errado com a relação, e também como evitar cometer os mesmos erros. ... A ênfase é firmemente colocada sobre transformar uma experiência negativa em algo que assinale um reinício positivo." Não deve causar muita surpresa o fato de a principal cadeia de supermercados oferecer agora a seus clientes adeptos do faça-você-mesmo "kits divórcio" ao preço promocional de 7,49 libras...

A difusão de padrões de consumo tão amplos a ponto de abarcar todos os aspectos e atividades da vida pode ser um efeito colateral inesperado e não planejado da ubíqua e inoportuna "marketização" dos processos da vida. O marketing penetra as áreas da existência que até recentemente estavam fora do reino das trocas monetárias e que não eram registradas nas estatísticas do PIB. Quando atinge terras até agora virgens, afasta todos os outros motivos e critérios de escolha que sejam "alheios ao espírito do mercado de commodities". Como diz Naomi Klein, o mercado alimenta sua "insaciável voracidade de crescimento ... redefinindo como 'produtos' setores inteiros anteriormente considerados partes das propriedades 'públicas', e que portanto não estavam à venda".[7]

O mercado agora atua como intermediário nas cansativas atividades de estabelecer e cortar relações interpessoais, aproximar e separar pessoas, conectá-las e desconectá-las, datá-las e deletá-las do diretório de texto. Altera as relações humanas no trabalho e no lar, no domínio público assim como nos mais íntimos domínios privados. Reorienta e redistribui os destinos e itinerários das buscas existenciais de modo que nenhuma delas possa evitar a passagem pelos shopping centers. Narra o viver como uma sucessão de problemas quase sempre "solucionáveis", que no entanto precisam e podem ser resolvidos somente por meios que estão disponíveis apenas nas prateleiras das lojas. Oferece atalhos tecnológicos vendidos em lojas para todos os tipos de objetivos que antes podiam ser atingidos principalmente pelo uso de habilidades pessoais e da personalidade, da cooperação amigável e de negociações conduzidas com base na camaradagem. Fornece engenhocas e serviços sem os quais, na ausência de habilidades sociais, da vida em sociedade e da vida em comum, "relacionar-se" com outras pessoas e desenvolver um *modus convivendi* duradouro seriam, para um número crescente de pessoas, tarefas assustadoras, além do seu alcance, talvez até inalcançáveis. Lança a sombra gigantesca do consumismo sobre todo o *Lebenswelt*. Incansavelmente, transmite aos lares a mensagem de que tudo é ou poderia ser uma mercadoria e como tal deve ser tratado. Isso implica que as coisas *deveriam ser* "como mercadorias", devendo ser encaradas com suspeita ou, melhor ainda, rejeitadas e evitadas, caso se recusem a se enquadrar no padrão do objeto de consumo.

Atualmente, os bens de consumo prometem não se tornar intrusos nem tediosos. Garantem que nos devem tudo, enquanto nós nada lhes devemos. Prometem estar prontos para uso imediato, oferecendo satisfação instantânea sem exigir muito treinamento nem uma demorada economia de dinheiro – satisfazem sem demora. Também fazem o sinal da cruz sobre o coração para aceitar como inevitável o fato de que um dia cairão em desgraça e, quando isso acontecer, sairão de cena tranquilamente, sem reclamação, amargor ou ressentimento.

Decorre daí que outro atributo do "objeto de consumo" deve ser uma cláusula em seu registro de nascimento – "destino final: lata de lixo" – escrita em letras menores, mas numa grafia certamente legível. O lixo é o produto final de toda ação de consumo. A percepção da ordem das coisas na atual sociedade de consumo é diametralmente oposta à que era característica da agora já ultrapassada sociedade de produtores. Então, era a parte útil, extraída de matérias-primas adequadamente reprocessadas, que deveria ser sólida e permanente, enquanto os restos e dejetos redundantes eram destinados à remoção e ao esquecimento instantâneos. Agora é a vez de as partes úteis terem vida curta, volátil e efêmera, a fim de abrir caminho para a próxima geração de produtos úteis. Só o lixo tende a ser (infelizmente) sólido e durável. "Solidez" agora é sinônimo de "lixo".

O mercado de consumo é a versão século XX (reconhecidamente mutante) do sonho do Rei Midas tornado realidade. O que o mercado toca, não importa o que seja, transforma-se em mercadoria de consumo – incluindo as coisas que tentam escapar a esse domínio e até os meios e formas utilizados em suas tentativas de escape.

Corpo de consumo

Em uma de suas famosas transmissões do programa *Letter from America*, o falecido Alistair Coke assinalou que, embora a lista dos livros mais vendidos dos Estados Unidos tenda a mudar a cada semana, dois tipos de publicação aparecem invariavelmente: obras de culinária que oferecem receitas de pratos cada vez mais refinados, deliciosos e sedutores, e manuais de dieta prometendo regimes cada vez mais infalíveis para produzir corpos livres de gordura, esbeltos e graciosos.

O restante desta seção é um amplo comentário sobre a personalidade dividida que se evidencia de modo tão retumbante por essa combinação de demandas públicas com propósitos cruzados.

"Devemos conceber o corpo", escreveu Bryan Turner,[8] abordando uma ideia de Oliver Sachs, "como uma potencialidade elaborada pela cultura e desenvolvida nas relações sociais." Essa é uma afirmação de validade universal. Pretende aplicar-se, e de fato se aplica, a todas as culturas e sociedades.

Em nossa cultura e sociedade líquido-modernas, a "elaboração" e o "desenvolvimento" do "corpo como potencialidade" assumiram, contudo, um novo caráter. Nas palavras de Chris Shilling, este resulta da convergência de duas tendências aparentemente contraditórias: "Agora temos os meios de exercer sobre os corpos um grau de controle sem precedentes, e no entanto também vivemos numa era que lançou numa dúvida radical nosso conhecimento do que são os corpos e de como devemos controlá-los."[10] Essa, por sua vez, é a afirmação de uma verdade aparentemente óbvia, autoevidente e dotada de uma credibilidade adicional graças a lembretes diários e ubíquos e de fato importunos, descarados até.

O consenso ou o quase-consenso em que se baseia a veracidade dessa afirmação deveria pôr-nos em guarda, aumentar a vigilância e estimular um exame de perto. Como regra, as crenças dificilmente gozam de uma aprovação próxima do consenso, a menos que essa aprovação tenha sido dispensada do teste da verdade e transferida para um discurso que a torna independente dos resultados do teste.

Portanto, permitam-me indagar: somos realmente capazes de controlar nossos corpos com mais rigor do que nunca? Ou será que, antes imposto como um dever obrigatório, inflexível e inalienável, esse controle sobre nossos corpos agora ocupa um lugar mais amplo do que nunca em nossas preocupações e consome mais energia do que nunca? E será mesmo que agora estamos mais inseguros que no passado sobre "o que nossos corpos são" e "como devemos controlá-los", tal como estamos inseguros sobre os critérios pelos quais esses corpos devem ser avaliados e sobre os passos necessários para aproximá-los de "como deveriam ser"?

Para irmos um pouco mais longe com essas questões: será que a nova situação realmente alargou o escopo da liberdade individual, abrindo a todos e a cada um de "nós" um espectro mais amplo de escolhas e enfraquecendo a rede de vínculos em que o corpo estava emaranhado por convenção social – ou será que apenas *parece* ser esse o caso, já que os antigos vínculos estão sendo substituídos por outros, novos, mas não menos opressivos? Talvez a impressão de liberdade ampliada seja apenas um polimento no que de fato é um conjunto modificado de necessidades? Será que as escolhas incessantes, dificilmente definitivas e nunca irrevogáveis – assim como a constante revisão e rejeição de escolhas já feitas e a necessidade de mostrar seus efeitos por meio de outras escolhas – se tornaram obrigatórias e inevitáveis, e assim não podem ser negligenciadas, muito menos recusadas?

Em suma, como a liberdade e a restrição se equilibram no direito e no dever do controle individual sobre os corpos dos indivíduos?

Quase tudo que a sociedade dos produtores considerava uma virtude no corpo de um produtor seria considerado pela sociedade dos consumidores extremamente contraproducente e portanto deplorável, no corpo de um consumidor, no corpo consumista. O segundo tipo de corpo difere enormemente do primeiro por ser um valor-fim, ou um valor-destino, em vez de portar um significado meramente instrumental. O corpo consumista/do consumidor é "autotélico", constituindo o próprio fim e um valor em si mesmo; na sociedade dos consumidores, também é, por acaso, o valor supremo. Seu bem-estar é o principal objetivo de toda e qualquer busca existencial, assim como o principal teste e critério de utilidade, conveniência e desejo para o restante do mundo humano e cada um de seus elementos.

À medida que a intensificação das sensações – satisfações, prazeres e alegrias – corporais caminha para o centro da vida como seu principal propósito, o corpo é lançado a uma posição única, incomparável ao papel atribuído a qualquer outra entidade no *Lebenswelt*. Combina facetas que dificilmente parecem acompanhar as outras em qualquer outro lugar; em outros casos, essas facetas geralmente tendem a estar separadas, e assim é raro que enfrentem o teste da compatibilidade e a complexa tarefa da conciliação mútua. O corpo do consumidor, portanto, tende a ser fonte particularmente prolífica de uma ansiedade eterna, exacerbada pela ausência de escoadouros estabelecidos e confiáveis para aliviá-la, que dirá para reduzi-la ou dispersá-la.

Não surpreende que os especialistas em marketing considerem a ansiedade em torno dos cuidados com o corpo uma fonte de lucros potencialmente inexaurível. A promessa de reduzir ou eliminar essa ansiedade é, entre as ofertas do mercado de consumo, a mais sedutora, a mais amplamente procurada e a mais satisfatoriamente abraçada – respondendo à mais durável e confiável fonte de demanda popular por produtos de consumo. Para que a sociedade de consumo nunca sofra uma escassez de consumidores, contudo, essa ansiedade – contrariando totalmente as promessas explícitas e vociferantes do mercado – deve ser constantemente reforçada, regularmente atiçada e instigada, além de encorajada de outras maneiras. Os mercados de consumo se alimentam da ansiedade dos potenciais consumidores, que eles próprios estimulam e fazem o possível para intensificar.

Como se afirmou anteriormente, ao contrário da promessa declarada (e amplamente aceita) dos comerciais, o consumismo não se refere à *satisfação* dos desejos, mas à *incitação* do desejo por outros desejos sempre renovados – de preferência do tipo que não se pode em princípio saciar. Para o consumidor, um desejo satisfeito deve ser quase tão prazeroso e excitante quanto uma flor murcha ou uma garrafa de plástico vazia; para o mercado de consumo, um desejo satisfeito seria também o prenúncio de uma catástrofe iminente. O tipo de "consumidor ideal" que o mercado de consumo procura pode ser exemplificado por uma fábrica trabalhando a todo vapor 24 horas por dia, sete dias por semana, para garantir uma sucessão ininterrupta de desejos particulares de curta duração e altamente descartáveis. Um volume crescente de know-how oferecido pelo mercado e de engenhocas para colocá-lo em operação é planejado para fazer o "ciclo do desejo" girar mais depressa. Como Chris St. George, consultor de educação física altamente respeitado que trabalha numa das melhores academias de ginástica de Londres, respondeu a um homem que se queixava de que queria comer bem, mas achava esse impulso incompatível com o tamanho da sua cintura dentro dos limites razoáveis: venha mais vezes à academia para fazer mais exercícios e acelerar o metabolismo.

Fica mais fácil pensar num consumidor centrado no corpo e fascinado por ele se você se imaginar como um músico tocando um instrumento para seu próprio prazer privado e solitário, sendo ao mesmo tempo o único ouvinte dos sons doces e suaves, ou excitantes e embriagadores, que fluem do instrumento. Imaginar isso é fácil, sendo essa uma experiência regularmente vivenciada ou observada. A questão, porém, é que o desafio enfrentado pelos consumidores propriamente treinados não para nisso. Os instrumentos que esses clientes são exortados a tocar a fim de invocar as melodias prazerosas que, pelo que lhes prometem, os encantarão são eles mesmos. Para expressar e consumir as agradáveis sensações que se espera que seus corpos transmitam, são treinados para aparecer simultaneamente em *três* diferentes papéis: o do músico, o do ouvinte *e* o do instrumento. São estimulados a sincronizar, fundir e misturar os três (e é isso que se espera deles) – mas os objetos de seus esforços se recusam teimosamente a atingir ou manter por qualquer espaço de tempo que seja uma harmonia satisfatória e sem atrito.

O mais desconcertante e assustador dos muitos desafios é o regime nem um pouco agradável a que seu corpo, como a ferramenta com que se forjam as sensações agradáveis, precisa submeter-se a fim de tornar a produção contínua. Você só tem a rezar e esperar que, depois de se ministrar ao corpo – em sua qualidade de ferramenta produtora de prazer – uma sólida dose desse regime, esse mesmo corpo, agora na qualidade de *connoisseur* de sensações, esteja pronto a servir de receptáculo bem-disposto, hábil, eficiente e grato dos prazeres que vierem. Em linguagem corriqueira, essa qualidade do corpo de produzir os prazeres que ele poderá ser capaz de usufruir é classificada sob o título de "boa forma". Mas o problema é que, com demasiada frequência, colocar o corpo no estado de "boa forma" se choca com o propósito que esse estado deveria produzir...

"Boa forma" significa, para um consumidor na sociedade dos consumidores, o que "saúde" queria dizer para o produtor na sociedade dos produtores. É um certificado de "estar dentro", de pertencer, de inclusão, de direito de residência. "Boa forma", tal como "saúde", se refere às condições do corpo, mas os dois conceitos invocam aspectos muito diferentes dessa condição.

O ideal de "boa forma" tenta captar as funções do corpo como, acima de tudo, receptor e transmissor de sensações. Refere-se a sua capacidade de absorção, ao seu grau de sintonia com as delícias que estão sendo ou logo poderão ser oferecidas – prazeres conhecidos, desconhecidos, ainda não inventados, sequer imaginados e ainda inimagináveis, mas a serem alcançados mais cedo ou mais tarde. Como tal, a "boa forma" não conhece limite superior; na verdade, ela é definida pela ausência de limites – mais especificamente, por sua inadmissibilidade. Seu corpo pode estar em excelente forma, não importa – *sempre será possível melhorar*. Não importa a forma em que esteja neste momento, sempre há misturada uma dose irritante de "má forma", a qual aparece ou é deduzida quando você compara o que vivenciou com os prazeres insinuados pelos rumores e visões de alegria de outras pessoas, prazeres que você até agora não conseguiu experimentar e que só pode imaginar e sonhar. Na busca da boa forma, diferentemente do que ocorre com a saúde, não há um ponto em que se possa dizer: agora que a alcancei, posso muito bem parar, mantê-la e usufruir do que tenho. Não há uma "norma" da boa forma que se possa estabelecer como objetivo finalmente atingido. A luta pela boa forma é uma compulsão que logo se transforma em vício. Como tal, *nunca termina*. Cada dose precisa ser seguida de outra maior. Cada alvo não é mais que um degrau sucessivo numa longa série de degraus já ultrapassados e por ultrapassar.

Para tornar a situação ainda mais apavorante, não se trata apenas de um problema de excesso de apetite pela boa forma ou de ignorância de qual deveria ser o "nível adequado de aptidão física". Se fosse esse o caso, qualquer apetite poderia ser, com o devido esforço, domado e ajustado, e qualquer parcela de conhecimento não obtido poderia ser ganha. Se, contudo, a ideia de "boa forma" se refere a *sensações* (*Erlebnisse*, não *Erfahrungen*!) do corpo, a realizações *subjetivamente* experimentadas e *vivenciadas*, então não há como dizer se o grau de aptidão corporal alcançado é realmente satisfatório. Não existe (nem pode existir) um padrão "objetivo", suscetível ao reconhecimento externo e comunicável no plano interpessoal, pelo qual esse grau possa ser aferido. Lutar pela boa forma significa entrar numa guerra cuja última batalha não está à vista, sem perspectiva de uma vitória final seguida de armistício, desmobilização e "dividendos da paz". Quando não se fixa o alvo, obviamente não há como saber a que distância se está dele e quanto tempo se levará para atingi-lo. Essa incerteza é irrevogável. Estará sempre presente, a menos que você jogue a toalha, abandone toda esperança de vitória e pare de tentar. Talvez a única saída seja frequentar os Viciados em Ginástica Anônimos...

Já que a ideia de boa forma oferece apenas vagas e incertas instruções práticas sobre o que fazer e o que evitar, e como nunca se pode estar certo de que as instruções não vão ser alteradas ou mesmo ser revogadas antes que se possa implementá-las na sua totalidade, lutar pela boa forma significa não ter descanso; de qualquer maneira, significa nunca *imaginar que é possível descansar* com a consciência tranquila e sem apreensão. A pessoa devotada à causa da boa forma está em constante movimento. Deve estar sempre mudando e pronta a fazer novas mudanças. O lema do nosso tempo é "flexibilidade": todas as formas devem ser maleáveis, todas as condições, temporárias, todos os formatos, passíveis de remodelagem. Reformar, de modo obsessivo e devotado, é tanto um dever quanto uma necessidade.

Para a sociedade dos consumidores – e para o mercado de consumo, seu alicerce e direção –, essa é uma circunstância favorável; na verdade, é a garantia de sobrevivência.

A *jihad* pela boa forma, que dura a vida toda e não pode ser vencida, reformula o mundo externo ao corpo como um local de perigos assustadores e terrificantes, indizíveis e incognoscíveis. Mesmo que nenhum dano direto se tenha produzido, qualquer coisa que você ingira ou inale, tudo que se infiltra em sua pele sem ser convidado ou penetre o interior de seu ser carnal e ósseo pode interferir no regime que você planejou para o seu corpo a fim de mantê-lo em forma; pode fazer com que muitas semanas, meses ou anos de trabalho rigoroso e sacrificante tenham sido em vão. Não fosse o fato de servir, para a pessoa em busca de sensações, como campo de pastoreio indispensável que o corpo é obrigado a percorrer e explorar, já que não existe outro para substituí-lo, o mundo lá fora pode ser pura e simplesmente um território hostil.

As aberturas que pontuam a interface entre o corpo e o resto do mundo talvez possam ser estritamente observadas, fortalecidas e protegidas – mas não trancadas, muito menos hermeticamente seladas. O tráfego através das fronteiras não pode ser evitado. Mais que isso, precisa ser ativamente reforçado, porque, perder a força e diminuir, para não dizer parar, não será menos perigoso do que se crescer excessivamente e ficar fora de controle. Qualquer que seja a opção, os riscos são igualmente enormes – e no entanto o corpo consumista/do consumidor não pode deixar de seguir o preceito de Chris St. George e se engajar numa intensa interação metabólica com o mundo do outro lado da fronteira – um empreendimento cheio de riscos terríveis e de doces esperanças.

A superfície e as aberturas do corpo, todos os pontos vulneráveis da fronteira/interface que separa/liga o corpo do/ao mundo exterior, são portanto destinadas a se tornar locais de aguda e inerradicável ambivalência. Imune a todas as terapias, essa ambivalência continua sendo um terreno fértil para os mais variados, irritantes e dilacerantes traumas psicológicos que apavoram os cidadãos da sociedade de consumo, assim como para as suas tendências mais paranoicas e esquizofrênicas. Pense, por exemplo, na anorexia e na bulimia, as duas desordens alimentícias gêmeas que são marcas registradas da sociedade de consumidores. Pense no tabagismo, a exposição à fumaça quente do tabaco, que os franceses colocaram entre os três crimes sinistros (ao lado do excesso de velocidade nas estradas e dos delitos sexuais) que mais os assustam. Pense nas carícias amorosas que tendem cada vez mais a ser vistas como algo que paira desconfortavelmente à beira dos crimes mais abomináveis contra a integridade pessoal e tendem a envenenar as relações eróticas com a suspeita de abuso sexual.

Eu queria saber se a observação de Alistair Cooke, alguns anos atrás, sobre os best-sellers continua válida. Descobri que, pelo que se vê, torna-se mais válida a cada ano. Em 20 de julho de 2004, uma busca no Google resultou em 109 mil websites contendo informações sobre livros de culinária e oferecendo vendê-los; havia 308 mil sites fazendo o mesmo em relação a livros sobre dietas, e 719 mil dedicados à arte de emagrecer. E 32 milhões discutindo a questão da gordura (assim como 3.690.000 dedicados à obesidade)... Num dos 1.830.000 sites voltados para o excesso de peso, encontrei as seguintes estatísticas referentes aos Estados Unidos:

> Percentagem de adultos com 20 anos de idade ou mais que estão acima do peso ou são obesos: 64
> Percentagem de adultos com 20 anos de idade ou mais que são obesos: 30
> Percentagem de adolescentes com idades entre 12 e 19 anos que estão acima do peso: 15
> Percentagem de crianças com idades entre 6 e 11 anos que estão acima do peso: 15

Mais que praticamente qualquer outro fenômeno, a gordura concentra, condensa e mistura os medos que emanam da "área de fronteira" mal mapeada, repleta de perigos atemorizantes e ao mesmo tempo de tentações irresistíveis que se estendem entre o corpo do consumidor e o mundo externo. Por sua condição única, mesmo um exame fenomenológico breve e superficial do "fenômeno da gordura" pode oferecer uma ideia útil sobre a ambivalência intrínseca da condição de consumidor.

Com efeito, a gordura corporal representa o pesadelo realizado. O ganho de peso corporal e de centímetros na cintura é um alerta para o terrível fato de que todas as laboriosas fortificações da fronteira/interface entre o mundo e o seu corpo de nada valeram – as forças inimigas se infiltraram pelas linhas defensivas e invadiram o território defendido. Pior ainda, as forças invasoras se estabeleceram no território conquistado, construíram guarnições dentro do corpo e assumiram a administração das terras dominadas. A "gordura corporal" representa a ocupação estrangeira ou a "quinta-coluna" – ou então células terroristas, a mais recente reencarnação da quinta-coluna.

A gordura corporal representa os agentes inimigos que penetraram o território pátrio e estão prontos a lançar um ataque a partir de dentro, quando e onde menos se esperava o perigo. Significa as pessoas "adormecidas" que, disfarçadas de vizinhos inofensivos, bem-humorados, amigáveis, apenas fazem hora, preparando "bombas sujas" com as sobras de seus banquetes e esperam o momento certo para tirar o disfarce, pegar as bombas nos sótãos e porões, e atacar. Você sabe que elas vão atacá-lo e feri-lo, mas não sabe onde nem quando, e as autoridades mais competentes também não lhe dirão: também não sabem ao certo, e o que uma delas sabe, não importa o quê, é diferente daquilo que as outras dizem saber...

O paralelo entre a gordura e os terroristas ou agentes secretos, que são os mais traiçoeiros, por ser indistinguíveis das pessoas comuns e decentes, é ainda mais marcante por causa dos sinais eminentemente confusos e muitas vezes contraditórios sobre o efeito "benigno" e "prejudicial" dos vários alimentos que são oferecidos. Como distinguir "saturado" de "insaturado", "natural" de "hidrogenado", as gorduras de que o corpo precisa para funcionar normalmente daquelas que impedem seu funcionamento normal? Tudo que se refere à gordura, de todo e qualquer tipo – a que ainda está fora de nosso corpo, nos alimentos exibidos nas prateleiras dos supermercados e servidos em bares e restaurantes, e a que já está dentro de nossos tecidos –, é ambivalente e desconcertante. Os especialistas advertem sobre os perigos de comer em excesso e a ameaça da dieta exagerada, mas onde se deve traçar a linha entre a norma e o excesso, e quem poderia traçá-la de maneira adequada? No auge do alerta contra o terrorismo nos Estados Unidos, o então secretário de Saúde e Serviços Humanitários, Tommy Thompson, declarou a uma comissão do Senado que "a obesidade é um problema de saúde pública em nosso país, em função do qual milhões de americanos sofrem de doenças desnecessárias e morrem prematuramente". Até as palavras usadas na declaração seguiam o mesmo padrão que os colegas de Thompson usaram em outros órgãos do governo ocupados na linha de frente da guerra contra o terrorismo.

A gordura está no centro da incerteza que apavora a maioria dos americanos (o *New York Times* chamou a luta contra a obesidade de uma "guerra cultural para o novo século"). E não há escassez de forças ávidas por lucrar com o desejo dos norte-americanos de mitigar os medos que emanam dos sentimentos de insegurança causados por essa incerteza. De um lado, alinham-se os advogados especializados em farejar conspirações, recém-saídos de batalhas vitoriosas contra gigantes da indústria do tabaco e ávidos por uma nova refrega. Do outro, os grandes produtores de alimentos prontos para o consumo e os proprietários das redes de *fast food*, ocultando-se, tal como as companhias de tabaco tentaram antes, por trás dos sacrossantos direitos constitucionais do cidadão e da liberdade de escolha do consumidor.

Advogados já abriram processos contra as redes McDonald', Wendy's, Kentucky Fried Chicken, Burger King e outras da área do *fast food*. Eles representam "vítimas", como um certo Gregory Rhymes, um rapaz de 15 anos com 1,67m de altura que pesa mais de 200 quilos. Rhymes afirmou que comia no McDonald's várias vezes por dia, principalmente Big Macs, batatas fritas, milk shakes de chocolate, tudo no tamanho "super". Seu advogado,

Samuel Hirsch, disse que Rhymes e outros clientes foram intencionalmente enganados pelas empresas produtoras de alimentos, que exploraram espertamente sua ignorância sobre "o que é bom para eles". Ao que as empresas, por meio da fala e escritos de pessoas públicas igualmente respeitadas e influentes, responderam transformando a "liberdade de comer" num caso-teste da liberdade individual em si. Como argumentou Thomas J. DiLorenzo em seu best-seller *How Capitalism Saved America* (citando *Human Action*, o clássico libertário de Ludwig von Mises):

> Uma vez admitido o princípio de que é dever do governo proteger o indivíduo de suas próprias tolices, não é possível apresentar objeções sérias a futuros abusos. Um bom exemplo pode ser a reivindicação a favor da proibição do álcool ou da nicotina. E por que limitar a providência benevolente do governo à proteção do corpo do indivíduo apenas? O prejuízo que um homem pode infligir a sua mente e sua alma não é até mais desastroso do que os males do corpo? Por que não proibi-lo de ler livros ruins ou de assistir a peças fracas, de contemplar pinturas e estátuas de má qualidade ou de ouvir música de mau gosto? O malefício produzido pelas más ideologias é, com certeza, muito mais pernicioso, tanto para o indivíduo quanto para a sociedade, do que o produzido pelas drogas.[11]

A gordura se tornou um dos grandes gritos de guerra e o *casus belli* na "guerra cultural do novo século" – a guerra que é simplesmente outra versão atualizada e remontada da eterna luta entre liberdade e segurança – as duas qualidades igualmente indispensáveis e cobiçadas, reconhecidamente difíceis de conciliar, de qualquer vida humana suportável ou desejável. A ascensão da "questão da gordura" segue de perto e previsivelmente a promoção do corpo do consumidor à posição de alvo central do marketing, e dos cuidados com o corpo ao status de principal ponto de venda das mercadorias de consumo. A "guerra cultural do novo século" extrai seu ânimo e ímpeto da enorme ambivalência que define a condição humana na emergente sociedade dos consumidores.

A solução para essa ambivalência não é algo que esteja à vista. Os conselheiros mais sensatos e experientes recomendam às pessoas em busca de orientação a aceitar o inevitável: a ambivalência chegou para ficar, dizem eles; as alegrias e os horrores de ingerir o que o mundo nos encoraja e nos seduz a digerir são inseparáveis. Alegrias e horrores chegam juntos, num pacote apertado, e a alegria pura, sem nenhuma dose de horror, se transforma cada vez mais num sonho irreal. Às pessoas em busca de orientação só resta um caminho, não tanto para sair do problema, mas para contorná-lo: uma aceleração do metabolismo que permitirá, segundo se espera, que se enquadre o círculo, de modo que a torta seja comida e ao mesmo tempo queimada. É o que essas pessoas podem aprender, por exemplo, no www.fatlosstips.com/website:

> Para perder gordura você precisa comer! NÃO passe fome. Seu corpo foi planejado para sobreviver, e parte de seu mecanismo de sobrevivência envolve armazenar e manter no corpo a gordura a ser usada em tempos de escassez de comida. Se você adotar como hábito não comer, ou ingerir apenas uma pequena porção de calorias por dia, seu corpo vai acabar pensando que você atravessa um período de fome e começará a reduzir o metabolismo. Ele estará apenas tentando conservar energia (calorias), por estar recebendo tão pouca nutrição.
>
> Seu metabolismo determina a taxa de calorias que seu corpo queima, de modo que, se o metabolismo for rápido, você vai queimar um monte de calorias sem muito esforço. Se seu metabolismo for lento, será muito difícil queimar calorias – especialmente as calorias da gordura. Seu corpo sempre reduzirá o metabolismo em reação a uma dieta de poucas calorias.
>
> Para evitar isso, você deve simplesmente comer. Infelizmente, ingerir três refeições por dia não vai funcionar! Isso não fornece ao corpo o fluxo constante de nutrientes e energia de que ele precisa

para aumentar seu metabolismo e queimar a gordura. Idealmente, você deve se esforçar para ingerir de cinco a seis refeições espaçadas ao longo do dia.

Em suma, para afastar o espectro dos efeitos colaterais do ato de comer e suas consequências desfavoráveis e imprevistas, é preciso comer mais. Como reza o provérbio, se não é possível derrotá-los, junte-se a eles. Se você não consegue afastar essa desagradável ambivalência, aceite-a, reajustando seu destino de acordo com seu plano de vida. Se fosse universalmente aceito, esse artifício tornaria as rodas da produção, substituição e remoção de mercadorias mais rápidas, para satisfação dos fornecedores de bens de consumo e de seus adversários jurídicos juramentados.

Aonde é que tudo isso leva o corpo? Ele é agora tão "socialmente regulado" quanto antes. Mudaram apenas as agências reguladoras, com consequências de longo alcance para os indivíduos incorporados, encarregados de administrar os corpos que têm e que são.

A velha prerrogativa de isentar e excluir, exercida pelo Estado-nação soberano, no estágio "sólido" da modernidade, não se foi de todo. Mas agora tende a ser empregada principalmente para manter a uma distância segura, e longe das possibilidade de malfeitoria, as categorias marginais que não podem ser alcançadas ou que não se quer que sejam alcançadas pelas "forças do mercado", que as registraram de uma vez por todas na coluna dos débitos, como casos de insolvência irrecuperável. O mais importante, contudo, a seleção, a separação e a exclusão do *homo sacer* (uma pessoa à margem da lei, humana ou divina), não é mais monopólio da autoridade do Estado.

Com muita frequência, o papel do Estado hoje é limitado ao endosso oficial de uma exclusão que já se tornou um "fato da vida", como resultado de outros processos que não os políticos, e a tornar essa exclusão efetiva e permanente. Em vez de flexionar os músculos num esforço para manter aqueles que lhe são internos do lado de *dentro*, o poder pós-panóptico do Estado desenvolve as habilidades para manter os indesejáveis – forasteiros ou internos transformados em forasteiros – do lado de *fora*.

Há muito capital político pronto a ser extraído da guerra contra os "estranhos" ou "alienados". O ministro do Interior francês, Nicolas Sarkozy,* recentemente subiu ao topo das pesquisas que medem a popularidade dos políticos na França seguindo o exemplo dos clubes de "vigilantes do peso", altamente populares, que estabelecem "metas de emagrecimento" semanais para seus membros: estabeleceu "metas de expulsão" para cada municipalidade e enviou aos prefeitos "manuais de expulsão".[12] Os eleitores, afirmou Sarkozy, devem "ser capazes de ver e avaliar" o fato de o governo ser duro na execução da política prometida – uma política que, podemos dizer, significa a queima, em efígie, do espectro assustador da exclusão, espetáculo destinado a extrair o capital de apoio político da ansiedade que transpira de todos os cantos do ambiente líquido-moderno.

A nova e crescente categoria dos *homini sacri*, específica da sociedade líquido-moderna, compõe-se, como seria de esperar, de consumidores "falhos" ou fracassados. Diferentemente das pessoas indolentes da sociedade dos produtores, as pessoas fracassadas pelos atuais padrões da *bios* (uma vida diferente da *zoe*, ou puramente animal) não são "casos médicos", candidatos ao tratamento e à reabilitação, temporariamente desafortunados, mas destinados a ser mais cedo ou mais tarde reassimilados e readmitidos na sociedade. São plena e verdadeiramente inúteis – restos redundantes, supérfluos, de uma sociedade que se reconstitui como sociedade de consumidores. Nada têm a oferecer, seja agora, seja num futuro próximo, à economia orientada para o consumidor. Não vão acrescentar coisa alguma ao pool de maravilhas do consumo, não vão "tirar o país da depressão", buscando cartões de crédito que não possuem e esvaziando cadernetas de

---
* Atual presidente da França. (N.T.)

poupança que não têm – e assim a comunidade estaria muito melhor se eles desaparecessem...

Aqueles que Sarkozy condenou à deportação foram excluídos da sociedade por decreto – embora até nesse caso a pré-seleção tenha sido realizada por forças não políticas sem o controle do Estado (a concessão de permissões de residência e a condenação à deportação são amplamente seletivas – aqueles entre os "estranhos" considerados capazes de lubrificar as rodas da economia de consumo são poupados da exclusão). Os excluídos da nova variedade líquido-moderna não tiveram uma acusação apresentada contra eles num tribunal, nem uma sentença registrada ou veredicto pronunciado. Não foram exatamente jogados fora do barco; caíram dele ou não conseguiram acompanhar sua velocidade. Formam a "subclasse" de uma sociedade que se orgulha de ter eliminado as distinções de classe e que preserva a memória das classes apenas na separação entre os que perderam no jogo do consumo e saíram, ou foram expulsos do cassino, e os vencedores e jogadores dedicados, com uma respeitável quantidade de dinheiro que os torna dignos de crédito.

Já que os atuais governos não traçam mais planos para uma ordem social perfeita, também perderam o interesse e toda a motivação em decidir quem deve ser salvo ou amaldiçoado para compor as listas dos excluídos. Mas ficaram com a tarefa de remover os muitos que já tinham sido excluídos de outras maneiras, por falha, e não por desígnio, da participação no jogo do consumo. Eles enfrentam o desafio assustador da "remoção do lixo humano" num planeta em que não há mais disponibilidade de escoadouros ultramarinos para a deposição dos restos. Na sociedade de consumidores, a "indústria da remoção do lixo" para as pessoas rejeitadas é um dos poucos ramos da produção imunes à virada do ciclo econômico.

O que une os excluídos da era líquido-moderna aos *homini sacri* do passado é a "nudez social" de seus corpos, o estigma indelével de sua exclusão da parte normativamente regulada da humanidade e do direito à *bios*. Mas as formas pelas quais foram atirados a essa sorte são diferentes, como também as razões pelas quais seu destino parece inexorável e sem remédio.

Se os *homini sacri* ortodoxos eram (e continuam sendo) "baixas colaterais" do esforço de "construção da ordem" empreendido pelos Estados, os novos "rejeitos humanos" são eliminados do jogo do consumo, tendo negada a possibilidade de viver segundo suas regras. Aqueles foram despidos de suas "vestes sociais" à força e compelidos a permanecer nus pela revogação da Lei. Esses permanecem "socialmente nus" porque foram despojados, pela revogação da Norma, da oportunidade de tecer suas "vestes sociais" no que agora presumivelmente é uma tarefa individual – foi-lhes negado o acesso, em primeiro lugar, ao fio com o qual se espera que sejam tecidas as roupas socialmente aprovadas na sociedade dos consumidores.

Infância de consumo

"As crianças são ótimas", admite Barbara Ellen, embora se apresse em acrescentar: "Mas há momentos em que cuidar delas é incrivelmente monótono, e é ridículo e até perigoso fingir o contrário."[13] Ellen percebeu que esse foi o seu caso durante muito tempo, e ficou muito aliviada ao descobrir que se sentir assim não era um defeito ou culpa dela – outras pessoas tinham tentado manter secretos esses sentimentos por temer que expressá-los se chocaria com o espírito predominante da época (ao menos em sua versão oficial e socialmente obrigatória, "politicamente correta").

> Estou encantada com essa nova mania de trazer à luz o "fardo" da maternidade. Um novo livro chamado *The Mommy Myth* está causando alvoroço nos Estados Unidos, e por toda parte se veem mulheres resmungando sobre como a maternidade não é tudo o que dizem, e (sussurrando) às vezes elas imaginam por que fazem esse esforço.

Seguindo o hábito comum de exigir que se descubra um vilão em toda e qualquer ocasião, assim como um culpado por todos os desconfortos da vida, Ellen pondera: "Não se pode deixar de imaginar quem está por trás dessa nova erupção global de enfado com o mito da mamãe." Ela opta por uma resposta fácil, colocando a responsabilidade nas costas das "mulheres concentradas na carreira" que atrasam a maternidade por um tempo suficiente para desenvolver um "instinto maternal pelo escritório", longe de casa. Afinal, elas seriam forçadas a trocá-lo por "discussões tolas sobre arrumar o cobertor", caso decidissem tornar-se mães. Filhos versus carreira; confinamento doméstico versus um mundo de contínua aventura; o tédio dos filhos versus os espaços jamais totalmente explorados e portanto eternamente fascinantes do "lá fora". Isso parece verdade, a escolha é mesmo dura e irritante. Para muitas mulheres, a perspectiva dessa troca pode ser uma boa razão para se aborrecer e resmungar. Mas será essa toda a verdade?

Amelia Hill, colega de Ellen no meio editorial, num artigo sob o título revelador de "Você pensava que seus filhos a fariam feliz? Nada disso – apenas mais pobre", cita Emma Flack, uma executiva de 31 anos que trabalha numa empresa no centro de Londres: "Nunca imaginei que um filho pudesse ser um sorvedouro financeiro tão grande."[14] Emma e o marido enfrentam uma tarefa assustadora e estranha: como "manter este novo estilo de vida em que se deve contar cada centavo". Essa súbita necessidade de contar centavos e pensar duas vezes antes de realizar os próprios desejos foi, para Emma e o companheiro, uma experiência totalmente estranha. Eles admitem "uma sensação de ressentimento em relação ao estilo de vida e à riqueza material dos amigos que, sem filhos, tinham tempo e dinheiro para atividades sociais e viagens". Seres racionais e observadores astutos, os amigos tomam esse ressentimento como uma advertência: não surpreende que Caroline Harding, 34 anos, diretora de uma firma londrina, declare estar "muito determinada" quanto às coisas que deseja fazer antes de ter filhos, "porque, quando você os tem, lá se foi a vida independente". Também não surpreende que a última World Values Survey tenha descoberto que um número crescente de pessoas considera os filhos desnecessários para sua realização. Na Grã-Bretanha, diante da pergunta "Você pensa que uma mulher precisa ter filhos para se sentir realizada?", menos de 12% das mulheres e 20% dos homens responderam "sim".

Ter filhos custa dinheiro – muito dinheiro. Ter um filho acarreta (ao menos para a mãe) uma considerável perda de renda e simultaneamente um considerável crescimento dos gastos familiares (ao contrário do que ocorria no passado, um filho é pura e simplesmente um consumidor – não contribui para a renda familiar). A Daycare Trust, uma instituição de caridade, calcula que o preço médio de uma vaga numa creche para uma criança de menos de dois anos chegou a 134 libras por semana no final de 2002, cerca de 24% da renda familiar, que atingiu a média de 562 libras por semana.[15] A remuneração média de uma babá que trabalhe o dia inteiro reduziria o orçamento familiar em 18.546 libras por ano, no interior, chegando a 27.320 libras em Londres. Como concluiu Brendan Benard, secretário-geral do Trades Union Congress, "a impossibilidade de trabalhar porque o custo da assistência à infância continua muito distante do orçamento familiar está condenando centenas de milhares de famílias grandes a uma vida de pobreza". Essas famílias já estão condenadas a viver na pobreza. Outras centenas de milhares observam o destino delas e tomam nota.

Em nossa sociedade regida pelo mercado, cada necessidade, desejo ou vontade traz um preço afixado. Não se pode ter coisas a não ser comprando-as, e comprá-las significa que outras necessidades e desejos terão de esperar. Os filhos não são exceção – por que o seriam? Pelo contrário, eles deixariam mais necessidades e desejos à espera do que qualquer outra aquisição – e ninguém é capaz de dizer quantas e por quanto tempo. Ter um filho é mergulhar de cabeça num antro de jogatina, é ficar refém do destino ou hipotecar o futuro sem ter uma ideia do preço das prestações e de quanto tempo levará para quitar a hipoteca. Assina-se um cheque em branco e assume-se a responsabilidade por tarefas desconhecidas e imprevisíveis. O preço total não foi estabelecido, as obrigações não são explicadas e não há "garantia de devolução do seu dinheiro" caso o produto não satisfaça plenamente.

Em nossa sociedade de compradores e vendedores, esse raciocínio se revela uma explicação plausível para a sensação de frio no estômago. Porém, uma vez mais, se isso é verdade, será que é toda a verdade? Mais uma vez, não parece. Quanto maior o quadro que examinamos, mais razões temos para suspeitar de que não é.

O dr. John Marsden, especialista em comportamentos compulsivos, comenta a última descoberta da medicina: aquilo que nós, os leigos ignorantes, chamamos de "apaixonar-se" ou "amar" se resume à excreção da oxitocina, substância química que "nos faz gostar de sexo".[16] "O cérebro", explica, "possui fábricas internas de drogas. A atração física faz com que se produzam coquetéis químicos que ativam a dopamina, a qual nos faz atingir o êxtase da felicidade" quando estamos com a pessoa amada. A questão, porém, é que essa droga é produzida por tempo limitado – como se tivesse sido projetada pela natureza "para manter as pessoas juntas pelo tempo necessário para fazer muito sexo, ter um bebê e conduzi-lo a níveis seguros". Por quanto tempo, então, é fornecida? Por "cerca de dois anos"... Esse, comenta o colunista que apresenta as últimas descobertas da ciência e a opinião culta do momento, "é mais ou menos o tempo que todas as minhas relações sérias têm durado".

O leitor pode tomar nota e ficar contente: não precisa preocupar-se, aquela incapacidade de se apegar ao parceiro e evitar que o relacionamento chegue ao fim não era causada, como se presumia, por ingenuidade ou idiotice, por alguma falha de caráter. Finalmente, posso parar de me sentir culpado e de me censurar. É tudo química, seu estúpido. O amor é uma droga. É de se esperar que outra droga logo esteja à venda nas farmácias (e, depois de algum tempo, certamente nas receitas do Serviço Nacional de Saúde) para compensar as falhas da fábrica localizada no cérebro e acabar com a escassez da oferta dessa droga, ou, ao contrário, para neutralizá-la quando eu estiver cheio de minha parceira e assim tornar indolor, instantâneo e não traumático o fim do nosso romance...

Hoje é difícil percorrer as páginas de uma revista sofisticada sem dar de cara com uma referência entusiástica ao best-seller *Lust: The Seven Deadly Sins*, de Simon Blackburn, geralmente apresentado como um "filósofo de Cambridge". "Um número crescente de pessoas", observa Mark Honigsbaum, "está adotando abertamente" o que foi definido pela alta autoridade da filosofia de Cambridge como "o desejo que entusiasma o corpo pela atividade sexual e seus prazeres por si mesmos".[17] É exatamente isso: "por *si mesmos*". Quando se sentir estimulado, não se preocupe com outras coisas. O sexo sem amor, sem compromisso, sem ligação, sem preocupação com as consequências (tais como, por exemplo, trazer ao mundo outro ser humano novinho em folha) não deve ser visto como um pecado ou mesmo como algo que nos possa causar desconforto. Ao contrário dos outros pecados ditos capitais, o desejo sexual não é tão ruim nem vergonhoso ou condenável – afinal, nem deve ser visto como pecado.

É difícil, quase impossível, dizer se o filósofo de Cambridge está certo ou errado. Trata-se, afinal, de uma questão de avaliação e de preferência em termos de valores, e nenhum argumento, ainda que refinado e elegante, pode provar ou refutar a "verdade" de um valor. Os valores não são verdadeiros nem falsos – são apenas adotados ou rejeitados. Dizer que você se apaixona quando a oxitocina flui livremente e deixa de amar quando o suprimento se esgota é outra coisa: pode-se provar que isso é verdade, ou pelo menos acreditar nisso até que se prove o contrário. Não há espaço para a dúvida aqui: no que se refere à verdade, a ciência tem a última palavra. Portanto, não faz sentido ter qualquer objeção a seus pronunciamentos. De Simon Blackburn, podemos dizer que ele só está seguindo a tendência da época e estampando o selo de aprovação da alta erudição nas necessidades corriqueiras da atualidade; não podemos dizer o mesmo de John Marsden, e, embora disséssemos, isso não tornaria sua avaliação menos verdadeira. Dito isso, há no entanto uma característica que une as duas afirmações apesar das diferenças entre as respectivas áreas: o forte interesse que ambas despertam no público leitor e a avidez e o entusiasmo com que foram abraçadas e adotadas (o que não é comum nas descobertas cientificas e opiniões eruditas).

Para um sociólogo, uma reação tão ardorosa e generalizada da parte do público talvez seja o fenômeno mais intrigante nessa história toda – um enigma a ser estudado e explicado. E só há uma explicação: já que, como regra, as pessoas tendem a ouvir com mais avidez as mensagens que mais desejam escutar, a resposta entusiástica que declarações como as de Blackburn ou Marsden tendem a receber hoje em dia só pode fazer sentido caso se ajuste estritamente a certos desejos explícitos ou semiconscientes das pessoas que as escutam. Podemos tentar entender que espécie de desejo seria tão comum e profunda a ponto de tornar compreensível essa "abertura" seletiva, orientada, do pensamento das pessoas.

Eu sugiro que as mensagens antes examinadas, assim como a profusão de mensagens semelhantes, tendam a ser recebidas com gratidão e valorizadas de modo imerecido em função da promessa de aliviar e aplacar os tormentos espirituais por que passam muitas pessoas hoje, tentando em vão reprimi-los ou afastá-los. Em vão porque o sofrimento é autêntico e não é possível livrar-se dele sem um esforço que a maioria das pessoas se julga incapaz de empreender, ou reluta em fazê-lo.

Algum tipo de sofrimento é um efeito colateral da vida numa sociedade de consumo. Numa sociedade assim, os caminhos são muitos e dispersos, mas todos eles levam às lojas. Qualquer busca existencial, e principalmente a busca da dignidade, da autoestima e da felicidade, exige a mediação do mercado. E o mundo em que essas buscas se inscrevem é feito de mercadorias – objetos julgados, apreciados ou rejeitados de acordo com a satisfação que trazem aos consumidores do mundo. Também se espera que sejam fáceis de usar, que provoquem satisfação instantânea e que sejam amigáveis ao usuário, exigindo pouco ou nenhum esforço, e decerto nenhum sacrifício, da parte dele. Se deixarem de cumprir essa promessa, se a satisfação não for atingida ou for menor que a esperada, os clientes voltarão à loja com a expectativa de receber o dinheiro de volta. Se isso não for viável, percorrerão as prateleiras congestionadas em busca de um substituto conveniente.

De uma forma ou de outra, o objeto que provocou desagrado (por não ter cumprido o que prometia, por ser inconveniente demais para ser utilizado sem problemas, ou por terem se esgotado os prazeres que podia proporcionar) é descartado. Não se fazem juras de lealdade a coisas cujo único propósito é satisfazer uma necessidade, um desejo ou um impulso. Não é possível evitar os riscos, mas os perigos parecem menos assustadores na ausência de compromisso. É um pensamento reconfortante – mas também prenhe de sofrimento, quando as "coisas" a serem consumidas pelos consumidores são outros seres humanos.

Quando se trata de seres humanos, é difícil evitar o compromisso, mesmo que não seja por escrito ou formalmente endossado. Os atos de consumo têm fins claros, duram apenas até se concretizar, e nem um minuto a mais. Porém o mesmo não pode ser dito das interações humanas, já que cada encontro deixa para trás um sedimento de vínculo humano, e esse sedimento se torna mais espesso com o tempo, à medida que se enriquece com as memórias do convívio. Cada encontro é simultaneamente um momento de conclusão e um recomeço – a interação não tem um "fim natural". O fim só pode ser obtido artificialmente. Está longe de ser óbvio quem deve decidir que o fim chegou, já que (aplicando conceitos consumistas), numa interação humana, ambos os lados são ao mesmo tempo consumidores e objetos de consumo, podendo ambos reivindicar a "soberania do consumidor". O laço que se estabelece pode ser rompido, novas interações podem ser recusadas – mas não sem que deixem um sabor amargo e um sentimento de culpa. É difícil trair a consciência moral.

Lawrence Grossberg explica a recente "rejeição da infância" (a apresentação da infância no discurso público como um "problema", e da juventude como perigosa, insensata, socialmente irresponsável e grosseiramente imatura) pela necessidade que os adultos têm de reduzir suas próprias responsabilidades.[18] Como comenta Henry A. Giroux, o *soi-disant* desencanto com a infância pode ser atribuído a "adultos que trabalham sob a lógica de um sistema de mercado supostamente puro que, na realidade, só defende a liberdade individual da boca para fora, enquanto vai minando os vínculos da vida social e das obrigações sociais".[19]

As dores morais talvez não aparecessem com tanta frequência, de modo que não se precisaria recorrer tanto à impostura, num mundo menos "líquido" que o nosso; um mundo que mudasse com menor rapidez, em que os objetos do desejo não envelhecessem tão depressa e não perdessem o encanto a uma velocidade tão estonteante; um mundo em que a vida humana, durante mais que a de praticamente qualquer outro objeto, não precisasse ser fatiada numa série de episódios e reinícios independentes. Mas esse mundo não existe – e as probabilidades são esmagadoramente contra a isenção dos vínculos humanos da regra estabelecida pelos padrões consumistas, os quais são ao mesmo tempo cognitivos e comportamentais. Por conseguinte, os relacionamentos estão se transformando rapidamente na principal fonte, aparentemente inexaurível, de ambivalência e ansiedade.

Num ambiente líquido, imprevisível e de fluxo rápido, precisamos, mais do que nunca, de laços firmes e seguros de amizade e confiança mútua. Afinal, os amigos são pessoas com que podemos contar quando precisamos de compreensão e ajuda no caso de tropeçarmos e cairmos. No mundo que habitamos até os mais rápidos surfistas e os mais lépidos skatistas não estão seguros quanto a essa eventualidade. Por outro lado, porém, esse mesmo ambiente líquido e de fluxo rápido privilegia os que podem viajar com velocidade; se as novas circunstâncias exigem movimento rápido e um recomeço a partir do zero, os compromissos de longo prazo e quaisquer laços difíceis de desatar podem revelar-se um fardo incômodo – um peso a ser jogado ao mar. Não há, então, uma boa escolha. Não se pode ficar com a torta e comê-la – mas é exatamente isso que você é pressionado a fazer pelo ambiente em que tenta compor sua vida. Qualquer escolha que você faça, está arranjando confusão.

Talvez seja por isso que tantas pessoas ouvem com tamanha atenção as mensagens de Blackburn e Marsden, assim como outras semelhantes transmitidas de todos os lados, sobretudo pelos programas bastante populares frequentemente chamados de "reality shows" – e é por isso que gostam do que ouvem. Algumas mensagens oferecem a absolvição: não é culpa sua, não foi erro seu, já que todo mundo compartilha a mesma sorte, enfrenta as mesmas escolhas e faz a mesma coisa. Outras mensagens oferecem a licença para tapar os ouvidos à voz da consciência: se você não consegue votar na exclusão do "elo mais fraco", é você que acaba excluído do jogo. São os românticos incorrigíveis e infelizes que têm mais probabilidade de se tornarem os "elos mais fracos" nos jogos de outras pessoas, mais sensatas. A vida é um jogo de soma zero, e Deus ajuda quem se ajuda.

É nesse mundo que as crianças nascem, é nesse mundo que elas crescem e é a esse mundo que devem pedir admissão quando se tornam adultas. As crianças observam. E aprendem. Como resumiu Charles Schwarzbeck: "Nossos filhos são profundamente afetados pelo que veem e ouvem em sua relação conosco. Diferentemente do que pensamos, eles não se ligam e desligam quando estão conosco. Estão sempre conosco, interagindo ou observando-nos enquanto levamos nossas vidas."[20] Nossos filhos são profundamente afetados pelo que nós, adultos, fazemos. Afinal, *nós* somos a autoridade. Nós representamos *o mundo*.

Jean-François Lyotard, o reconhecido pai espiritual da guinada pós-moderna de nossa percepção do mundo humano, insistia contudo que é destino (privilégio?) da criança representar mais plenamente a *humanidade*:

> Privada da fala, incapaz de ficar de pé, hesitante quanto aos objetos de seu interesse, inapta para calcular suas vantagens, insensível à razão comum, a criança é eminentemente humana porque seu infortúnio anuncia e promete coisas possíveis.[21]

Quando anunciada pela primeira vez, essa não era uma descoberta de Lyotard. Ele apenas reafirmava uma opinião que desde o início dos tempos modernos tem gozado de grande prestígio entre pensadores e escritores preocupados com a brecha crescente entre a imaginação e a inocência das crianças e a corrupção e a rotina insensível da maior parte da vida adulta; e também com a forma descuidada pela qual os poderes espirituais e o potencial criativo das crianças eram insensatamente desperdiçados no curso do seu "amadurecimento". Como observou Kiku Adatto, esses pensadores achavam:

> Intrigante que o período mais indefeso e dependente da vida – a infância – fosse associado ao estado mais robusto da alma, ao estado mais puro da consciência moral, ao estágio mais natural e criativo da vida humana. Dostoiévski declarou que "a alma é fortalecida por se estar com as crianças". Em *Oliver Twist*, *Little Dorrit* e outros romances de Dickens, a criança aparece como um emblema da bondade e da virtude contra a corrupção, as injustiças e as vaidades da sociedade.[22]

Lyotard prosseguia, comentando com tristeza que todos os esforços da "sociedade", todas as pressões socializadoras, corporais e mentais, quer sejam moldadas por desígnio ou negligência, estão voltadas a dirigir o processo de "amadurecimento" para longe das qualidades humanas, muito humanas, da infância. Como se fosse a lógica da sociedade humana fugir da humanidade de seus integrantes...

Definitivamente, a sociedade não é hospitaleira nem amistosa em relação aos "insensíveis à razão comum", e é totalmente hostil aos "incapazes de calcular suas próprias vantagens". A sociedade não conduz rapidamente ao infinito de possibilidades. Do que mais se ocupa a ordem social, senão em cortar o número de possibilidades permitidas e reprimir todo o resto? A essência de toda socialização está nas lições de "realismo": aos recém-chegados, os recém-nascidos, a sociedade oferece admissão sob a condição de que aceitem o direito da realidade de traçar a linha que separa as possibilidades selecionadas – agora regularizadas como probabilidades promovidas pelo poder – de todas as outras – agora oficialmente desprezadas como ilegítimas, fúteis, vergonhosas ou pecaminosas, e completamente "antissociais", não só uma perda de tempo, mas também um convite a problemas.

Desde a descoberta, no início da idade moderna, da "infância" como um estágio da vida humana distinto e, de muitas maneiras, único, a sociedade louvava as crianças por seu "espírito de cordialidade" e "brincadeira livre". A falta desses fatores era dolorosamente sentida pelos membros adultos da sociedade, mesmo quando eles ao mesmo tempo os viam, exatamente pela mesma razão, com profunda suspeita. Afinal, a vida dos adultos exigia que a brincadeira fosse totalmente evitada ou relegada ao "tempo de lazer", sendo substituída em todos os outros momentos pela disciplina e pela rotina, enquanto o impulso da cordialidade era seguramente contido pela camisa de força dos direitos e deveres contratuais. As crianças não mereciam confiança nem podiam ficar sem uma supervisão vigilante. A "infância pura" precisava ser reprocessada e assim "desintoxicada" – purificada de seus ingredientes naturais, porque a sociedade não iria querer ingeri-los, nem seria capaz disso, se o quisesse. Na prática, se não na teoria, a infância não era tratada como um abrigo ou refúgio, mas como um simulacro da vida adulta. O tipo de produto final a ser atingido pelo reprocessamento das crianças depende do papel que os membros da sociedade são convocados a desempenhar em seu serviço ativo.

Por boa parte da história moderna (a parte marcada por grandes planos industriais e enormes exércitos de soldados), a sociedade moldou e preparou seus membros para o trabalho industrial e o serviço militar. A obediência, o conformismo e a resistência diante de uma rotina monótona e enfadonha eram, consequentemente, as virtudes a ser plantadas e cultivadas – enquanto a fantasia, a paixão, o espírito de rebeldia e a relutância em sair da linha eram os vícios a ser exterminados. Era o corpo do potencial operário ou soldado que contava; era o espírito que tinha de ser silenciado; e, uma vez silenciado, podia ser excluído do cômputo como algo sem consequência. A sociedade dos produtores e soldados concentrava seu "reprocessamento da infância" na administração dos corpos para adequá-los à condição de moradores de seu futuro hábitat natural: o recinto da fábrica e o campo de batalha.

A era da sociedade dos produtores está, pelo menos em nossa parte do mundo e para todos os fins práticos, terminada, ainda que sua lembrança permaneça nos preconceitos que muitos sustentam em contraste com suas práticas (como Priscilla Anderson conclui a partir de seu estudo abrangente da atual literatura sobre "educação infantil": "Antigas crenças quanto à ignorância, à inexperiência, à inconsciência e ao pensamento irrealista e autocentrado das crianças continuam a dominar as convicções públicas e profissionais a respeito da infância").[23] Vivemos agora numa sociedade de *consumidores*. O hábitat natural dos consumidores é o *mercado*, lugar de comprar e vender. No caso dos futuros consumidores, a resposta pronta e sincera ao fascínio das mercadorias e o impulso compulsivo e vicioso de comprar são as principais virtudes a ser plantadas e cultivadas; a indiferença à sedução administrada pelo mercado ou a falta de recursos para reagir adequadamente a suas exigências são pecados mortais que precisam ser erradicados ou punidos com o banimento.

Assim sendo, para ajustar seus membros ao novo hábitat natural (agora os shopping centers e a rua em que as mercadorias de grife compradas nas lojas são apresentadas ao público para dotar seus portadores do valor dessas mercadorias), a sociedade dos consumidores focaliza seu "reprocessamento da infância" no gerenciamento dos espíritos. Não importam os corpos – treiná-los é coisa do passado. A grande novidade, como diz Dany-Robert Dufour, é a conquista e realocação da alma.[24] Ou, citando Daniel Thomas Cook, da Universidade de Illinois:

> As batalhas travadas a respeito da cultura de consumo infantil também são batalhas pela natureza da pessoa e pelo escopo da personalidade no contexto do alcance cada vez maior do mercado. O envolvimento das crianças com matérias, veículos, imagens e significados oriundos do mundo do comércio, a ele referentes e com ele entrelaçados ocupa uma posição central na construção das pessoas e das posições morais na vida contemporânea.[25]

Realmente "ocupa uma posição central" – e a partir da mais tenra idade. Tão logo aprendem a escrever, ou talvez mesmo antes disso, a "dependência das lojas" se instala nas crianças. Bombardeadas de todos os lados por sugestões de que precisam deste ou daquele produto vendido em loja para ser o tipo certo de pessoa, ou alguém capaz de cumprir seu dever social e ser visto fazendo precisamente isso, sentem-se inadequadas, deficientes e abaixo do padrão se não puderem atender prontamente ao chamado.

A necessidade mais imperativa e urgente é a de consertar ou esconder os defeitos faciais e corporais, sejam genuínos ou putativos, a fim de valorizar os ativos pessoais vendáveis. Owen Bowcott relaciona as reluzentes revistas de alta circulação dirigidas ao mercado adolescente que adicionam a sucessivos números, semana após semana, "brindes gratuitos" ou "ofertas exclusivas" como um "rímel que alonga e dá volume aos cílios", um "maravilhoso brilho para os lábios" ou um fantástico spray bronzeador.[26] O último levantamento realizado na Grã-Bretanha mostrou que 90% das meninas de 14 anos usam maquiagem regularmente, enquanto 63,5% das garotas de sete a dez usam batom, e 44,55% usam sombra ou delineador. E ainda, obverva Bowcott: a empresa que realizou a pesquisa, a Mintel ("um dos principais institutos de pesquisa do consumidor no Reino Unido"), insiste em que "as companhias de cosméticos poderiam ir muito além em seu esforço para estimular as jovens a adquirir seus produtos". Sugere-se, entre outras coisas, a instalação de máquinas automáticas para a venda de cosméticos em escolas e cinemas.

As crianças sempre foram vistas como o "futuro do país", e a forma como se percebia o bem-estar nacional é que decidia como elas deveriam ser preparadas para o futuro – o seu e o de seu país. Se Daniel Thomas Cook tivesse escrito o trecho acima uns 100, ou talvez até apenas 50 anos atrás, provavelmente escreveria "ética do trabalho" em vez de "cultura de consumo", e "indústria" no lugar de "comércio". Do modo como as coisas estão agora, as crianças de hoje são os principais e mais importantes consumidores de amanhã: e não há motivo para admirar-se, já que a força da nação é medida pelo PIB, o qual, por sua vez, é avaliado pela quantidade de dinheiro que troca de mãos. É melhor que as crianças se preparem desde cedo para o papel de consumidores/compradores ávidos e informados – preferivelmente desde o berço. O dinheiro gasto no seu treinamento não será desperdiçado.

Num livro com o título elucidativo de *What Kids Buy and Why: The Psychology of Marketing to the Kids*, Dan Acuff apresentou uma ampla estratégia para invadir, conquistar e então gerenciar o "mercado infantil", terra previamente não cultivada, ou cultivada de modo pouco intenso e superficial, a despeito de seu potencial lucrativo quase infinito. Ele explicou aos futuros conquistadores como criar, desenvolver e comercializar com sucesso produtos e programas "voltados para a juventude atual, na faixa que vai do nascimento à adolescência".[27] Acrescenta ele: esses "produtos" ("praticamente qualquer coisa que se pretenda vender para crianças") e "programas" (como "filmes, desenhos para a TV e jogos eletrônicos") são por natureza dedicados "aos preciosos e sagrados corações e mentes das crianças de toda parte".

Acuff e provavelmente a maioria de seus leitores acreditam que convertendo as crianças ao espírito e à prática do consumismo estão cumprindo um dever moral, da mesma forma que os pioneiros da indústria capitalista, dois séculos atrás, acreditavam ser eles próprios missionários da moral quando enchiam suas minas e fábricas de trabalhadores infantis. Esses pioneiros mantinham baixos os salários das crianças para que sua jornada de trabalho fosse maior e a venda de sua mão de obra se tornasse uma necessidade a ser atendida enquanto vivessem. Seus descendentes, os profissionais de marketing, tentam, em vez disso (como aponta Beryl Langer), gerar nas crianças "um estado de eterna insatisfação ao estimular o desejo do novo e redefinir o precedente como lixo inútil",[28] sendo o derradeiro propósito "reproduzir o ciclo do eterno desejo em que está encaixada a infância capitalista consumista"; embora seguir o caminho recomendado para esse fim seja com muita frequência apresentado como um ato profundamente moral e legitimador, destinado (como relata Daniel Thomas Cook) a refundar a sacralidade da infância não sobre a noção (romântica) de inocência, mas sobre "outro tipo de santidade" – a de "um ser consciente e capaz de escolher". Da mesma forma, como o próprio Cook admite, "o mundo infantil das avaliações exigentes com base em bens, personagens da mídia e conhecimento dos produtos ... está cada vez mais se tornando a norma à qual crianças e pais devem se conformar se quiserem ter uma vida social 'saudável'".[29] Uma pena para o "conhecimento" e a "escolha" do e pelo ser; e um reforço ao impacto legitimador do marketing infantil.

Mas quase não se duvida, como sugere Juliet B. Schor, de que, nas duas últimas décadas, ... "o mercado infantil se expandiu enormemente, tanto em termos de gastos diretos quanto de sua influência nas compras feitas pelos pais".[30] Schor observa o fenômeno da "commoditização da infância" (o papel de liderança do mercado de bens no que se refere a criar, educar e moldar as crianças) e o direcionamento da atividade de marketing para elas. Os dois fatos se reforçam mutuamente. As crianças realmente são vistas pelos pais como "selecionadoras conscientes", donas de um conhecimento de que os pais lamentavelmente carecem, qual seja, o conhecimento do que é atualmente obrigatório e do que é "*passé*" em termos de moda. Por essa razão, as crianças são cada vez mais consultadas quando os pais têm de tomar uma decisão a respeito de compras, uma vez que estes não confiam mais em seu próprio julgamento sobre "o que é bom para o meu filho" e em suas próprias escolhas. Uma pesquisa encomendada pela bem-sucedida divisão de marketing da Nickelodeon mostrou que 89% dos pais de crianças na faixa dos oito aos 14 anos relatam que pedem a opinião dos filhos sobre os produtos antes de comprá-los. Segundo James U. McNeal,

> Crianças dos quatro aos 12 anos influenciaram diretamente cerca de 300 bilhões de dólares em compras feitas por adultos em 2002; esse mercado "influenciado pelas crianças" cresce anualmente à taxa de 20%, enquanto 30 bilhões de dólares em mercadorias foram gastos pelas próprias crianças usando seu próprio dinheiro (as estimativas são de que tais compras não ultrapassavam 6,1 bilhões de dólares apenas 13 anos antes).[31]

Novamente de acordo com McNeal, um em cada quatro garotos, antes de ter idade para cursar a escola primária, visita lojas sozinho, enquanto a idade média para começar a fazer incursões de compra independentes é de oito anos.

"A alma da criança está sitiada", sugere Kiku Adatto. As pressões financeiras de um mercado de consumo amplo e invasivo tornaram um único salário insuficiente para sustentar uma família com filhos; 67% das crianças americanas são criadas em famílias com dupla renda e se transformam em *latchkey kids** que passam a maior parte do tempo em que não estão na escola sozi-

---

* *Latchkey kid* é uma expressão inglesa que se refere a crianças que ficam muito tempo em casa sem os pais. O termo tem origem na *latch key*, tipo de tranca com uma lingueta de ferro, Deixar a porta no *latch* é encostá-la, o que significa que alguém saiu, mas já vai voltar. (N.T.)

nhos ou na companhia de outras crianças. Os vínculos familiares se afrouxam num "dia normal de trabalho". São ainda mais minados e enfraquecidos pela inversão da autoridade e da estrutura de comando resultante do fato de que as crianças se tornaram especialistas em matéria de compras e assumiram o direito de tomar decisões a esse respeito (e comprar, permitam-me lembrar, é uma atividade mediadora de praticamente todos os aspectos da família e da vida de seus membros individuais).

Como indica Joseph E. Davis, os processos do consumismo e da commoditização desestabilizaram "as antigas instituições de formação da identidade (família, escola, igreja e assim por diante)", e desse modo produziram um vácuo que então se apressaram em preencher.[32] Davis cita o "especialista em grifes" Scott Bedbury, que atribui às "grandes marcas" o papel de "pontos de conexão emocional", permitindo aos usuários "localizar-se dentro de uma experiência mais ampla". Esqueça o jargão dos executivos – o que esse especialista quer dizer se torna bastante claro quando se fura o espesso disfarce verbal: o atrelamento de necessidades sem origem e livremente flutuantes às "grandes marcas"; e a substituição dos vínculos humanos pela lealdade à marca na moldagem das expectativas e habilidades existenciais dos consumidores do futuro.

Segundo Tori de Angelis, há pesquisas mostrando amplas evidências de que essa "insegurança – tanto financeira quanto emocional – está no cerne dos anseios consumistas".[33] Para entender a "produção de um consumidor", "a psicologia precisa estender-se de seu foco no indivíduo" para abranger o ambiente social em que se realiza a transformação de uma criança num comprador/consumidor compulsivo e viciado. De Angelis cita Allen Kanner, um psicoterapeuta de Berkeley:

> O consumismo dirigido pelas corporações tem amplos efeitos psicológicos não apenas sobre as pessoas, mas também sobre o planeta. ... Com muita frequência, a psicologia individualiza exageradamente os problemas sociais. Ao fazê-lo, acabamos culpando a vítima, neste

caso localizando o materialismo basicamente na pessoa, ignorando a cultura das grandes corporações que está invadindo uma parte tão grande de nossas vidas.

A espiritualidade pode ser um dom de nascença da criança, mas foi confiscada pelos mercados de consumo e reapresentada como um lubrificador das rodas da economia de consumo. A infância, como sugere Kiku Adatto, se transforma numa "preparação para a venda do ser", à medida que as crianças são treinadas "para ver todos os relacionamentos em termos de mercado" e encarar os outros seres humanos, incluindo os amigos e membros da família, pelo prisma das percepções e avaliações geradas pelo mercado.

· 6 ·

Aprendendo a andar sobre a areia movediça

Passaram-se mais de dois milênios desde que os antigos sábios da Grécia inventaram a noção de *paideia* para que a ideia de "educação por toda a vida" se transformasse, de um oxímoro (uma contradição em termos), num pleonasmo (algo como "manteiga amanteigada" ou "ferro metálico"...). Essa notável transformação ocorreu bem recentemente, nas últimas décadas, sob o impacto do ritmo de mudança drasticamente acelerado no ambiente social em que os dois principais atores da educação – professores e discípulos – precisavam interagir.

No instante em que uma bala é disparada de uma arma de fogo, a direção e a distância a ser percorrida já foram decididas pela forma e posição da arma e pela quantidade de pólvora dentro da cápsula; pode-se calcular, com pouca ou nenhuma chance de erro, o ponto que o projétil vai atingir, e pode-se escolher esse ponto movendo-se o cano da arma ou alterando a quantidade de pólvora. Essas qualidades dos mísseis balísticos fizeram deles armas ideais para serem utilizadas na guerra de trincheiras – em que os alvos permaneciam enterrados em suas trincheiras ou *bunkers*, e os projéteis eram os únicos corpos em movimento.

As mesmas qualidades os tornam inúteis, contudo, quando alvos invisíveis ao atirador começam a se mover – particularmente se forem mais rápidos que os projéteis, e mais ainda caso se movam de forma errática e imprevisível, confundindo os cálculos preliminares da trajetória planejada. Faz-se necessário então um míssil inteligente que possa mudar de direção no meio do caminho, dependendo das circunstâncias; que seja capaz de detectar imediatamente os movimentos do alvo, suas alterações de posição e velocidade, e, dessas informações, deduzir o ponto exato em que suas trajetórias se cruzarão. Esses mísseis inteligentes não podem suspender a coleta e o processamento de informações enquanto viajam, muito menos concluí-las – seu alvo nunca para de se mover e mudar de direção e velocidade, de modo que a marcação do local de encontro deve ser constantemente atualizada e corrigida.

Podemos concluir que os mísseis inteligentes seguem uma estratégia de "racionalidade instrumental" – embora em sua versão liquidificada, fluida, por assim dizer, ou seja, abandonando o pressuposto de que o fim será dado, estável e estático, de modo que só os meios precisam ser calculados e manipulados. Mísseis ainda mais inteligentes não serão limitados a um alvo pré-selecionado, mas o escolherá enquanto prosseguem. Vai guiá-los mais a consideração de qual será o máximo alcançável, dadas as suas capacidades técnicas, e que potencial alvo estão mais equipados para atingir. Seria, podemos dizer, um caso de "racionalidade instrumental" invertida: os alvos são selecionados com os mísseis no ar, e são os meios disponíveis que decidem que "objetivo" acabará selecionado. Nesse caso, a "inteligência" do míssil e sua eficácia se beneficiariam caso o equipamento fosse de uma natureza mais "generalista" ou "descomprometida", sem focalizar uma categoria específica de fim, nem estar superajustada para atingir um tipo de alvo particular.

Os mísseis inteligentes, tais como seus primos balísticos mais velhos, *aprendem no caminho*. De modo que desde o início é necessário fornecer-lhes a capacidade de *aprender*, e aprender depressa. Isso é óbvio. Menos visível, no entanto, embora não menos crucial que a capacidade de aprender rapidamente, é a capacidade de *esquecer* instantaneamente o que se aprendeu antes. Os mísseis inteligentes não seriam inteligentes se não fossem capazes de "mudar de ideia" ou revogar as decisões prévias sem hesitação ou lamento... Não devem acalentar excessivamente as informações que adquirem nem desenvolver de maneira alguma o hábito de se comportar de acordo com essas informações. Todas as informações que recebem envelhecem rapidamente e, se não forem prontamente descartadas, podem desorientar, em vez de fornecer uma orientação confiável. O que os "cérebros" dos mísseis inteligentes não podem jamais esquecer é que o conhecimento que adquirem é eminentemente *descartável*, bom apenas até segunda ordem e só temporariamente útil; e que a garantia do sucesso é não descuidar do momento em que o conhecimento adquirido não tem mais utilidade e precisa ser jogado fora, esquecido e substituído.

Os filósofos da educação da era sólido-moderna viam os professores como lançadores de mísseis balísticos e os instruíam sobre como garantir que seus produtos permanecessem estritamente no curso predeterminado pelo impulso original. E não admira que, nos estágios iniciais da era moderna, os mísseis balísticos fossem a maior realização da inventividade técnica humana. Prestavam um serviço impecável a quem desejasse conquistar e dominar o mundo tal como ele era. Como Hilaire Belloc declarou confidencialmente, referindo-se aos nativos africanos, "Aconteça o que acontecer, nós temos a arma de Maxim, e eles não" (a arma inventada por Hiram Stevens Maxim, permitam-me lembrar, era uma máquina para lançar um grande número de balas num curto espaço de tempo, e só funcionava se houvesse muitas dessas balas à mão). Na verdade, porém, essa visão da tarefa do professor e do destino do discípulo era muito mais antiga do que a ideia de "míssil balístico" e a Era Moderna que o inventou. Há um antigo provérbio chinês que precede de dois mil anos a modernidade, mas ainda é citado pela Comissão das Comunidades Europeias, no limiar do século XXI, em apoio ao seu programa "Aprendizagem por toda a vida": "Planejando para um ano, plante milho. Planejando para uma década, plante árvores. Planejando para vida, treine e eduque pessoas." Só com a entrada nos tempos líquido-modernos é que a antiga sabedoria perdeu seu valor pragmático, e as pessoas preocupadas em aprender e com a promoção da aprendizagem conhecida pelo nome de "educação" tiveram de mudar sua atenção dos mísseis balísticos para os inteligentes.

Mais precisamente, no ambiente líquido-moderno a educação e a aprendizagem, para terem alguma utilidade, devem ser contínuas e realmente por toda a vida. Nenhum outro tipo de educação ou aprendizagem é concebível; a "formação" dos *eus* ou personalidades é impensável de qualquer outra maneira que não seja uma reformação permanente e eternamente inconclusa.

Na versão clara e enérgica de Leszek Kolakowski, a liberdade que transforma cada etapa numa escolha (potencialmente fatal) "nos é dada juntamente com nossa humanidade, da qual é o alicerce; confere singularidade a nossa própria existência".[1] Mas pode-se dizer que em nenhuma outra época o ato da escolha foi tão exacerbadamente autoconsciente como agora, conduzido como é, em condições de dolorosa mas incurável incerteza, sob a ameaça constante de "ficar para trás" e ser excluído do jogo e impedido de obter qualquer retorno pelo fracasso em atender às novas demandas.

O que separa a atual agonia da escolha dos desconfortos que sempre atormentaram o *Homo eligens*, o "homem que escolhe", é a descoberta ou suspeita de que não há regras preordenadas nem objetivos universalmente aprovados a serem seguidos inflexivelmente, seja o que for que aconteça, desse modo aliviando os que escolhem da responsabilidade pelas consequências adversas de suas opções. Ninguém impede que esses pontos de referência e essas pautas que hoje parecem fidedignos sejam amanhã (e retrospectivamente!) desmascarados e condenados como enganosos ou corrompidos. Empresas supostamente sólidas como rocha são desmascaradas como produtos da imaginação de seus contadores. O que hoje é "bom para você", não importa o que seja, pode amanhã ser reclassificado como veneno. Compromissos aparentemente sólidos e acordos solenemente firmados podem ser rompidos da noite para o dia. As promessas, ou a maioria delas, parecem ser feitas apenas para serem quebradas ou negadas, contando com a curta memória do público. Parece que não existe, entre as ondas, uma ilha segura e estável.

Sendo assim, como ficam as perspectivas e tarefas da educação?

Jacek Wojciechowski, editor de um periódico polonês dedicado à profissão acadêmica, observou que "antigamente um diploma universitário oferecia um salvo-conduto para a prática da profissão até a aposentadoria – mas isso agora é coisa do passado. Hoje em dia, o conhecimento precisa ser constantemente renovado, as próprias profissões precisam mudar; do contrário, todo o esforço para ganhar a vida vai dar em nada."[2] Em outras palavras, o impetuoso crescimento do novo conhecimento e o não menos rápido envelhecimento do conhecimento prévio se combinam para produzir ignorância humana em grande escala e para reabastecer continuamente, talvez até ampliar, o estoque disponível.

Wojciechowski adverte: onde houver um problema que as pessoas lutem para resolver, o mercado virá prontamente em seu auxílio. Por um preço, claro. Nesse caso, o problema é a ignorância das pessoas – um golpe de sorte para os vendedores, azar dos compradores. Para administradores escolares habilidosos, isso oferece uma oportunidade imperdível de obter fundos extras inventando cursos sobre as habilidades atualmente procuradas, ainda que os professores dotados das qualificações necessárias para ministrá-los sejam mais notáveis pela inabilidade. Esse é um mercado de fornecedores, e os clientes potenciais, por definição, não estão em posição de julgar a qualidade das mercadorias em oferta ou de ser exigentes caso se arrisquem a avaliá-las. Esse conhecimento inferior ou inútil, por vezes defasado ou mesmo propositadamente enganoso, é vendido com facilidade; e quanto mais se compra dele, menos provável é que os enganados denunciem a farsa. Wojciechowski sugere que os únicos cursos de "educação continuada" cuja oferta deveria ser permitida, em caráter experimental, por uma instituição sem credenciais adequadas, são os de odontologia – sob a condição de que os professores se inscrevam como pacientes nas clínicas de seus alunos quando estes se formarem.

Prevalecer-se da ignorância e credulidade humanas promete retornos rápidos e seguros, e sempre haverá por aí pessoas em busca de fortuna e incapazes de resistir a tais promessas. Mesmo deixando de lado o perigo genuíno, generalizado e crescente de negócios desonestos, a velocidade com que se desvalorizam as habilidades adquiridas e as demandas do mercado de trabalho flutuam faz com que até os negociantes impecavelmente honestos contribuam (agora mais por falha do que por propósito) para as desagradáveis repercussões sociais da nova e poderosa dependência do conhecimento. Como Lisa Thomas recentemente descobriu, a comercialização da educação para quem está no meio da carreira, que se tornou indispensável, por toda parte aprofunda as divisões econômicas e sociais entre uma elite de trabalhadores altamente instruídos e capacitados e o restante da força de trabalho; assim como entre a mão de obra especializada e a sem especialização, erguendo novas barreiras, difíceis de negociar, para a mobilidade social e aumentando o volume de pobres e desempregados. Uma vez estabelecidas, as divisões tendem, além disso, a se perpetuar e reforçar por si mesmas.[3] Nos Estados Unidos, por exemplo, apenas 19% das pessoas de baixa renda que precisam de treinamento profissional deverão completar o curso, contra 76% daquelas pertencentes aos grupos de renda mais elevada. Num país relativamente pequeno como a Finlândia, recentemente se descobriu que cerca de meio milhão de adultos desempregados necessitam de educação, mas não podem pagar por ela. Tem-se tornado cada vez mais evidente que, abandonado à sua própria lógica, o "mercado do ensino" vai aumentar, e não aliviar, a iniquidade e multiplicar seus efeitos e consequências sociais potencialmente catastróficos. Uma intervenção política é inevitável caso se queira evitar a ruína.

Tudo isso foi apreciado pela Comissão das Comunidades Europeias e confirmado na sentença já mencionada: "Tornando a área europeia de aprendizagem ao longo da vida uma realidade", publicada em novembro de 2001 – embora não seja absolutamente certo que as consequências *sociais* da atual comercialização constituíssem a principal preocupação a estimular a iniciativa. O principal motivo, que permeia todo o documento, é a suspeita de que a educação continuada administrada pelo mercado não fornecerá aquilo de que a "economia" realmente precisa, e portanto pode afetar negativamente a eficiência e a competitividade da União Europeia e de seus Estados-membros.

Os autores do documento estão preocupados com a possibilidade de que o advento da "sociedade do conhecimento" acarrete riscos enormes, juntamente com seus potenciais benefícios. "Ameaça produzir mais desigualdade e exclusão social", pois apenas 60,3% das pessoas entre 25 e 64 anos na UE completaram pelo menos o segundo grau, enquanto quase 150 milhões de cidadãos dos países-membros carecem desse nível básico de educação e "enfrentam um risco maior de marginalização". Mas a necessidade de expandir a educação/aprendizagem ao longo da vida é defendida, desde o início do documento, em termos da "vantagem competitiva" que "depende cada vez mais do investimento no capital humano", do conhecimento e das competências como "um poderoso motor do crescimento econômico". Segundo a Comissão, a importância e a necessidade da aprendizagem ao longo da vida consistem no papel de "promover uma força de trabalho qualificada, treinada e adaptável". A tarefa de construir uma sociedade "mais inclusiva, tolerante e democrática", marcada por "participação cívica mais ampla, melhores condições de vida e índices menores de criminalidade", entra no raciocínio principalmente como reflexão posterior e é apresentada como um efeito colateral: espera-se que se concretize como consequência natural quando um maior número de pessoas até agora inadequadamente treinadas "ingressar no mercado de trabalho" graças a um melhor treinamento.

O documento tem todas as características de um "produto de comissão", confrontando preocupações cujas origens heterogêneas e relações potencialmente conflitivas só podem ser disfarçadas depois de um penoso trabalho de edição de texto. Mas volta e meia a principal preocupação e *argumentum crucis* em torno da qual se desenvolve o resto do texto transparece claramente. Viviane Reding, comissária europeia para Educação e Cultura, declara no prefácio à "comunicação" que seu objetivo é "ajustar nossos sistemas educacionais às exigências da economia e da sociedade do conhecimento". Já no comentário Cedefor/Euridice, publicado um ano depois, pode-se ler que a "identificação das qualificações de que necessita o mercado de trabalho" precisa tornar-se um "aspecto altamente significativo na preparação do currículo". Como observa Kenneth Wain num trabalho preparado para a Conferência de Consulta Nacional sobre Aprendizagem ao Longo da Vida, realizada em Malta, no ano de 2001, o documento pode sugerir "que o que se valoriza é *apenas* esse tipo de aprendizagem, a aprendizagem vocacional voltada para os objetivos da economia e do mercado de trabalho". De modo semelhante, Carmel Borg e Peter Mayo concluem sua rigorosa análise do documento assinalando que "as mensagens do memorando deveriam ser lidas contra uma paisagem econômica caracterizada por uma definição de viabilidade social orientada para o mercado. A mudança educacional está se tornando cada vez mais vinculada ao discurso da eficiência, da competitividade, da efetividade de custos e da contabilidade", e seu objetivo declarado é dotar a "força de trabalho" das virtudes da flexibilidade, mobilidade e "habilidades básicas relacionadas ao emprego".[4]

As apreensões são bem fundamentadas. É fácil identificar uma notável afinidade entre a abordagem da Comissão Europeia e as intenções e demandas abertamente declaradas pelos autores, explicitamente em nome e em favor dos gerentes empresariais.

Eles seguem, com pequenas variações, o padrão de raciocínio exemplificado por um compêndio altamente popular e influente sobre o pensamento corporativo, para o qual o propósito da educação é "desenvolver os empregados para que melhorem seu atual desempenho no trabalho, assim como prepará-los para funções que poderão exercer no futuro"; os objetivos desse desenvolvimento devem ser sempre determinados pela "identificação das qualificações necessárias e pelo gerenciamento ativo da aprendizagem do empregado, tendo em vista o futuro distante, em relação às estratégias corporativas e empresariais explícitas".[5] Raili Moilanen, tendo analisado o conteúdo dos relatórios que representavam o ponto de vista dos empregados e foram apresentados na III Conferência Internacional de Pesquisa sobre o Trabalho e a Aprendizagem, descobriu que "a aprendizagem e o desenvolvimento parecem importantes para as organizações principalmente por motivos de eficácia e competitividade", enquanto "o ponto de vista do ser humano como tal não parece importante".[6] Seria difícil esperar resultados diferentes...

Permitam-me acrescentar que, por mais duvidosa que possa parecer a abordagem dos autores da "comunicação" para as pessoas que estão preocupadas com as consequências éticas e sociais da não questionada prioridade atribuída às considerações econômicas (em última instância, à obtenção de lucros), Borg e Mayo assinalam: enquanto a capacidade das empresas de gerar lucros se aperfeiçoa, "as desigualdades socioeconômicas e as correspondentes relações assimétricas de poder continuam a se intensificar; a perspectiva também parece inconsistente em termos puramente pragmáticos."

Inúmeras vezes no passado, foram feitos, de modo exemplarmente consistente, apelos ao papel orientador da área de "desenvolvimento de recursos humanos" com base na "identificação das qualificações de que necessita o mercado de trabalho". E com uma regularidade similarmente monótona, os gerentes de "recursos humanos" falharam em prever quais seriam as "necessidades" do "mercado de trabalho" quando a "força de trabalho" que estava sendo treinada no momento completasse sua instrução e estivesse pronta para o emprego. Futuras reviravoltas na demanda do mercado não são necessariamente previsíveis, apesar da engenhosidade das previsões e do refinamento metodológico de seus prognósticos. Os erros, com certeza, são uma doença conhecida e aparentemente incurável de todas as "previsões científicas" sobre tendências sociais. Mas, neste caso, quando estão em jogo as perspectivas da população, os erros de avaliação são excepcionalmente danosos. Submeter os esforços humanos de autoafirmação e autoaperfeiçoamento a visões essencialmente imprevisíveis e sabidamente não confiáveis das futuras necessidades dos voláteis e caóticos mercados acarreta muito sofrimento para as pessoas – frustração, esperanças destruídas e vidas desperdiçadas. Os cálculos sobre a "capacidade humana" reivindicam autoridade de pessoas que não a têm, que fazem promessas que não podem cumprir e, como resultado, assumem responsabilidades com as quais não podem arcar.

É provavelmente por isso que os programas de "educação continuada" tendem a ser remodelados, imperceptivelmente e sem explicação, como exortações à "aprendizagem ao longo da vida" – "repassando" desse modo a responsabilidade pela seleção e aquisição das qualificações, e pelas consequências das escolhas equivocadas, para aqueles situados do lado receptor do "mercado de trabalho", reconhecidamente fluido e instável. Borg e Mayo acertam precisamente o alvo ao concluir que, "nestes rigorosos tempos neoliberais, a noção de aprendizagem autodirecionada é tomada emprestado de um discurso que permite ao Estado abdicar da responsabilidade de prover a educação de qualidade a que todo cidadão de uma sociedade democrática tem direito". Permita-me apontar que essa não é a primeira nem a última função que o Estado removeria com satisfação do domínio da política e, portanto, da esfera de suas responsabilidades. Permita-me também acrescentar que a mudança de ênfase da "educação" para a "aprendizagem" condiz muito bem com outra tendência, comum entre os gerentes contemporâneos: a inclinação a "repassar" de seus ombros para os dos empregados a responsabilidade por todos os efeitos, principalmente os negativos, e de modo mais geral a responsabilidade por "não estar à altura do desafio".

Dada a contínua convergência das duas avassaladoras tendências que moldam as relações de poder e a estratégia de dominação nestes tempos líquido-modernos, são pequenas e muito provavelmente nulas as perspectivas de que se possa corrigir o itinerário, caprichoso e errático dos desenvolvimentos do mercado, tornando mais realistas os cálculos dos "recursos humanos". Num ambiente líquido-moderno, a "incerteza fabricada" é o instrumento supremo de dominação, enquanto a política de *précarisation*, para usar um termo de Pierre Bourdieu (um conceito que se refere às manobras que tornam a situação dos sujeitos mais insegura e vulnerável, e portanto menos previsível e controlável), está se tornando rapidamente o alicerce da estratégia de dominação. "Planejar para a vida" está em contradição com o mercado. E quando a política do Estado se submete à orientação da "economia", entendida como o livre jogo das forças de mercado, o equilíbrio de poder entre ambos pende decisivamente em favor do segundo elemento.

Esse não é um presságio para o "capacitamento dos cidadãos", que a Comissão Europeia considera o objetivo principal da aprendizagem ao longo da vida. Por consentimento geral, o "capacitamento" (termo usado nos debates atuais como ato de se capacitar, obter "capacitação") é atingido quando as pessoas adquirem a capacidade de controlar ou pelo menos influenciar de modo significativo as forças pessoais, políticas, econômicas e sociais pelas quais sua trajetória existencial seria fustigada. Em outras palavras, estar "capacitado" significa ser *capaz de fazer escolhas e atuar efetivamente sobre as escolhas feitas*, e isso por sua vez significa a *capacidade de influenciar o espectro de escolhas disponíveis e os ambientes sociais em que as escolhas são feitas e buscadas*. Falando claramente, o verdadeiro "capacitamento" exige a aquisição não apenas das habilidades necessárias para o desempenho bem-sucedido num jogo planejado por outros; mas também dos *poderes* para influenciar os objetivos, riscos e normas do jogo – não somente as habilidades pessoais, mas também os poderes *sociais*.

O "capacitamento" exige a construção e reconstrução de vínculos interpessoais, a vontade e a habilidade de se engajar com outras pessoas num esforço contínuo para transformar a convivência humana num ambiente hospitaleiro e amigável para a cooperação mutuamente enriquecedora de homens e mulheres que lutam pela autoestima, pelo desenvolvimento de seu potencial e pelo uso adequado de suas habilidades. Em suma, um dos objetivos decisivos da educação ao longo da vida com vistas ao "capacitamento" é a reconstrução do espaço público, hoje em dia cada vez mais deserto, onde homens e mulheres possam engajar-se numa tradução contínua dos interesses individuais e comuns, privados e comunais, direitos e deveres.

"À luz dos processos de fragmentação e segmentação e da crescente diversidade individual e social", escreve Dominique Simone Rychen, "reforçar a coesão social e desenvolver um senso de consciência e responsabilidade social tornaram-se objetivos sociais e políticos importantes".[7] No local de trabalho, na vizinhança e na rua, misturamo-nos diariamente com pessoas que, como assinala Rychen, "não falam necessariamente a mesma língua (literal ou metaforicamente) nem compartilham a mesma memória ou história". Nessas circunstâncias, a habilidade de que mais necessitamos para oferecer à esfera pública alguma chance de ressuscitação é a da interação com os outros – de manter um diálogo, de negociar, de obter a compreensão mútua e de administrar ou resolver os inevitáveis conflitos em qualquer instância da vida compartilhada.

Deixem-me reiterar o que afirmei no início: no ambiente líquido-moderno, a educação e a aprendizagem, para terem alguma utilidade, devem ser permanentes e realmente ocorrer ao longo da vida. Espero que agora possamos ver que uma das razões, talvez a decisiva, pela qual elas devem ser permanentes e continuadas é a natureza da tarefa com que nos confrontamos na estrada compartilhada que leva ao "capacitamento" – tarefa que é como deve exatamente ser a educação: contínua, sem fim, ocorrendo ao longo da vida.

É assim mesmo que a educação deve ser para que os homens e mulheres do mundo líquido-moderno possam perseguir seus objetivos existenciais com pelo menos um pouco de engenhosidade e autoconfiança, e esperar o sucesso. Mas há outra razão, menos discutida, embora mais poderosa do que aquela que estamos discutindo até agora: não se refere a adaptar as habilidades humanas ao ritmo acelerado da mudança mundial, mas a tornar esse mundo em rápida mudança mais hospitaleiro para a humanidade. Essa tarefa também exige uma educação contínua, ao longo da vida. Como Henry A. Giroux e Susan Giroux recentemente nos lembraram:

> A democracia está em perigo quando os indivíduos são incapazes de traduzir sua miséria privada em preocupações públicas e ação coletiva. Como as corporações multinacionais moldam cada vez mais os conteúdos da maior parte da grande mídia, privatizando o espaço público, o engajamento cívico parece cada vez mais impotente, e os valores públicos se tornam invisíveis. Para muitas pessoas hoje em dia, a cidadania foi reduzida ao ato de comprar e vender mercadorias (incluindo candidatos), em vez de aumentar o escopo de suas liberdades e direitos a fim de ampliar as operações de uma democracia substancial.[8]

O consumidor é inimigo do cidadão. Em toda a parte "desenvolvida" e abastada do planeta, abundam sinais de pessoas dando as costas à política, de uma crescente apatia e da perda de interesse pelo processo político. Mas a democracia não pode sobreviver por muito tempo diante da passividade dos cidadãos em função da ignorância e da indiferença políticas. A liberdade dos cidadãos não é propriedade adquirida de uma vez por todas; não está a salvo quando trancada em cofres privados. Foi plantada e enraizada no solo sociopolítico, que deve ser fertilizado diariamente e que vai secar e definhar se não for cuidado dia após dia pelas ações bem informadas de um público instruído e comprometido. Não são apenas as habilidades técnicas que precisam ser continuamente renovadas, nem é somente a educação *voltada para o mercado de trabalho* que precisa ocorrer ao longo da vida. O mesmo é exigido, e com mais urgência ainda, pela educação para a *cidadania*.

A maioria das pessoas hoje concordaria sem muito entusiasmo que é preciso se reciclar profissionalmente e digerir novas informações técnicas caso deseje evitar "ser deixada para trás". A maioria também não quer ser jogada fora do barco do "progresso tecnológico", cada vez mais acelerado. E, no entanto, um sentimento semelhante de urgência está visivelmente ausente quando se trata de se pôr em dia com o impetuoso fluxo dos desenvolvimentos políticos e das regras rapidamente mutáveis desse jogo. Os autores antes citados coletaram alguns resultados obtidos em pesquisa para atestar a rápida ampliação da brecha que separa a opinião pública dos fatos centrais da vida política:

> Logo depois da invasão do Iraque, o *New York Times* publicou uma pesquisa mostrando que 42% dos americanos acreditavam que Saddam Hussein foi diretamente responsável pelos ataques ao World Trade Center e ao Pentágono no 11 de Setembro. A CBS também divulgou uma pesquisa de opinião pública indicando que 55% do público acreditava que Saddam Hussein apoiava diretamente a organização terrorista Al Qaeda. Uma Pesquisa Knight Ridder/Princeton mostrou que "44% dos entrevistados disseram pensar que 'a maioria' ou 'alguns' dos sequestradores do 11 de Setembro de 2001 eram cidadãos iraquianos". A maior parte dos americanos também já acreditava que Saddam Hussein possuía armas de destruição em massa, que essas armas tinham sido encontradas, que ele estava a ponto de construir uma bomba nuclear e acabaria por lançá-la sobre os incautos cidadãos norte-americanos. Nenhuma dessas afirma-

ções se baseava em fatos, já que não havia evidências, mesmo remotas, para confirmá-las. Uma pesquisa de opinião pública realizada pelo jornal *Washington Post* próximo ao segundo aniversário da tragédia do 11 de Setembro indicou que 70% dos norte-americanos continuavam acreditando que o Iraque se envolveu diretamente no planejamento dos ataques.

Nesse cenário de ignorância, é fácil sentir-se perdido e infeliz – e mais fácil ainda é estar perdido e infeliz sem perceber isso. Como Pierre Bourdieu memoravelmente observou, a pessoa que não tem domínio do presente não pode sonhar em controlar o futuro – e a maioria dos norte-americanos tem apenas uma visão nublada do que o presente lhes oferece. Essa suspeita é amplamente confirmada por alguns observadores incisivos e perspicazes. "Muitos norte-americanos", afirma Brian Knowlton do *International Herald Tribune*, "disseram que a natureza quente-frio-quente dos últimos alertas os deixou inseguros quanto ao grau de urgência e de temor com que deveriam reagir".[9]

A ignorância produz a paralisia da vontade. A pessoa não sabe o que lhe está reservado nem tem como avaliar os riscos. Para autoridades impacientes com as restrições impostas aos detentores do poder por uma democracia viva e animada, esse tipo de impotência do eleitorado, produzido pela ignorância, e a descrença generalizada na eficácia do dissenso, e a falta de disposição para se envolver politicamente são fontes de capital político necessárias e bem-vindas: a dominação por meio da ignorância e da incerteza deliberadamente cultivadas é mais confiável e barata do que um governo com base num profundo debate dos fatos e num longo esforço de atingir a concordância quanto à verdade e às formas menos arriscadas de proceder.

A ignorância política tem a capacidade de se autoperpetuar, e uma corda feita de ignorância e inação vem a calhar quando a voz da democracia corre o perigo de ser sufocada ou ter suas mãos atadas.

Precisamos da educação ao longo da vida para termos escolha. Mas precisamos dela ainda mais para preservar as condições que tornam essa escolha possível e a colocam ao nosso alcance.

· 7 ·

O pensamento em tempos sombrios
(Arendt e Adorno revisitados)

Vivemos em tempos que – segundo Hannah Arendt e, por seu intermédio, Bertold Brecht – poderiam ser pertinentemente chamados de "sombrios". É assim que Arendt nos revela a natureza e as origens das trevas que caracterizam o período:

> Se é função da esfera pública lançar luz sobre os assuntos dos homens fornecendo um espaço de aparências em que eles possam mostrar, por ações e palavras, para o bem e para o mal, quem são e o que podem fazer, então as trevas chegaram quando essa luz foi extinta por "falta de credibilidade" e "governos invisíveis", por um discurso que não revela o que é, mas varre seus atributos para baixo do tapete, por exortações morais ou de qualquer outro tipo que, sob o pretexto de sustentar antigas verdades, rebaixam toda verdade à trivialidade sem sentido.[1]

E é assim que ela descreve suas consequências:

> A esfera pública perdeu o poder de iluminação que era parte de sua natureza original. Nos países do mundo ocidental, que desde o declínio do mundo antigo tem encarado a liberdade política como uma das liberdades básicas, cada vez mais pessoas fazem uso desta

liberdade afastando-se do mundo e das obrigações que têm nele. ... Mas a cada afastamento ocorre para o mundo uma perda quase demonstrável: o que se perde é o espaço intermediário específico e geralmente insubstituível que se deveria ter formado entre o indivíduo e seus semelhantes.[2]

Retirar-se da política e da esfera pública transforma-se então, segundo Hannah Arendt, na "atitude básica do indivíduo moderno, o qual, em sua alienação em relação ao mundo, só pode revelar-se verdadeiramente na privacidade e intimidade dos encontros face a face".[3]

"No Século das Luzes", escreve Peter Gay em seu abrangente compêndio de ideias que assistiram ao nascimento de nosso bizarro mundo conhecido pelo nome de "modernidade", "o medo da mudança, até então quase universal, dava lugar ao medo da estagnação; a palavra *inovação*, tradicionalmente um termo eficaz para o abuso, se tornou uma palavra de louvor."[4] Agora não havia razão para ter medo da mudança, já que também se sentia, pelo menos nos salões parisienses e nos cafés londrinos em que os membros da República das Letras se encontravam, que, "na luta do homem contra a natureza, a balança do poder estava pendendo em favor do homem". Em vez de profetizar um novo golpe do imprevisível destino, o "novo" pressagiava outro passo no caminho do homem rumo ao controle dos desígnios da humanidade. A disposição da época não era "a bazófia que esconde a impotência", mas "uma confiança racional na eficácia da ação enérgica". "Ação" era o nome do jogo – e, onde houvesse vontade de agir, prontamente surgiriam o know-how e as ferramentas.

Agora se sentia (pelo menos entre os instruídos e ponderados) que, como diz Gay com o devido esforço, a passagem "da experiência ao plano" (ou, em outras palavras, da contemplação à ação, da teoria à prática, do melhor conhecimento a um mundo melhor, da leitura dos desígnios da natureza ao planejamento de uma natureza nova e aperfeiçoada) poderia seguramente ser encurtada e acelerada. O Iluminismo foi o local de nascimento daquilo que David Hume chamou de "ciências morais" – sociologia, psicologia, economia política, educação moderna –, todas determinadas a propiciar a iminente "era da administração", na qual "funcionários públicos inovadores" deveriam "entrar em conflito com os organismos estabelecidos e as práticas tradicionais", e na qual "atrás das tropas do *laissez-faire* marchavam os escriturários da regulação governamental". A medicina "era estratégica para todo conhecimento verdadeiro" e estabeleceu o padrão para a forma de proceder, não importando o tipo de ação empreendida nem seus objetivos: primeiro diagnosticar a moléstia, depois planejar a terapia, aplicá-la e tornar o doente novamente são – ou ainda mais sadio e imune à doença do que jamais o fora. "A medicina", afirma Peter Gay, "era a filosofia em ação; a filosofia era a medicina para o indivíduo e a sociedade."[5]

Pouco mais de dois séculos depois, numa época vista por um grande número de observadores como a "modernidade tardia", Daniel Galvin, descrito por Laura Barton como um "decano da tintura para cabelos", nos informa que "tingir o cabelo se tornou parte essencial da rotina de beleza da mulher, a ponto de o cabelo sem tintura ser como um rosto sem maquiagem".[6] "Numa temporada somos caramelo. Na outra, somos mogno. Inspecionamos ansiosamente as raízes para verificar se a cor natural está dando sinais de volta, tal como o mofo", confirma Laura Barton, admitindo que ela mesma tem cabelo castanho tingido de castanho: "Evidentemente, tenho plena convicção de que a tintura produz um tom superior de castanho." E o cabelo é apenas uma das partes visíveis do corpo que precisam perseguir os padrões de superioridade, que correm na dianteira. Nos últimos dez anos, o número de salões de manicure mais que triplicou nos Estados Unidos, e o número de operações plásticas para fins cosméticos mais que dobrou, atingindo 6,2 milhões de cirurgias apenas em 2002. Segundo Apostolos Gaitanas, cirurgião plástico londrino, o número de operações está crescendo na Grã-Bretanha a uma taxa de 10 a 20% ao ano. Não se esqueça da pele, do nariz, da cintura, do busto...

Sobre a atual obsessão compulsiva da "reengenharia", escreve Richard Sennett: "Empresas perfeitamente viáveis são desmontadas ou abandonadas, empregados capazes são deixados à deriva, em vez de recompensados, simplesmente porque a organização precisa mostrar ao mercado que é capaz de mudar."[7] Sennett menciona Michael Piore e Charles Sabel, escrevendo sobre outra obsessão atual, a "especialização flexível". "Uma estratégia de inovação permanente: a acomodação a uma mudança incessante, em lugar do esforço para controlá-la".[8] E ouçam nossos atuais e potenciais ministros e seus porta-vozes. Eles cantam em muitas vozes, mas as canções têm um tema comum: modernizar, modernizar, modernizar, mudar ou perecer. *Tertium non datur.*

Há uma semelhança surpreendentemente familiar entre as principais características dessas histórias que narram períodos separados por mais de 200 anos. Os heróis de ambas são irrequietos. Não podem ficar parados. Não estão satisfeitos com as coisas como são, ou pelo menos não o suficiente para tomá-las tal como são e permitir que assim permaneçam por muito tempo. Desejam que seja diferente; gostariam que tudo ficasse diferente, mesmo que fosse menos satisfatório do que no primeiro momento. *Tornar* as coisas diferentes, mantê-las *em movimento*, isso é o que realmente conta: são a mudança e mais ainda a confiança e a decisão de que as coisas *podem* ser mudadas que mantêm viva a esperança de satisfação. E esses heróis estão *duplamente* confiantes: primeiro, acreditam que é possível *tornar* as coisas diferentes; segundo, estão certos de que *eles* podem torná-las diferentes.

Dito isso, observemos algumas diferenças surpreendentes entre os dois conjuntos de personagens principais – três deles em particular.

Para início de conversa, os heróis da primeira história inclinavam-se a *conduzir* as coisas. Tinham o objetivo de administrar, governar e gerenciar. Buscavam formas mais eficientes de monitorar e supervisionar o mundo, e então usá-las para levar as pessoas – todas elas – a uma situação de maior felicidade. Essa condição, pensavam, seria o produto de um mundo bem administrado – ou seja, de uma natureza não humana transformada pelos esforços humanos numa forma mais adequada ao uso humano e mais capaz de conduzir à felicidade humana; e de uma natureza humana desprovida de tudo que contrariar ou for mal-ajustado a esse estado de felicidade. Os heróis da segunda história, por outro lado, não estão particularmente preocupados com a situação do mundo. Parecem seguir o antigo preceito: *hic Rhodos, hic salta* – presumindo que Rodes não será nem poderá ser substituído por outro lugar mais propício aos saltadores, e decerto não por um local em que não é preciso saltar para mostrar que se tem credibilidade e valor. Eles veem a felicidade como uma condição que o mundo não pode afetar, tornando-a uma conclusão precipitada ou uma impossibilidade. Assim, a fuga de um estado de infelicidade só pode se dar por meio de uma operação que as pessoas em busca de felicidade confiam a si mesmas, e cada qual por si, e não juntando suas cabeças para planejar o formato de um mundo melhor e trabalhando em conjunto para melhorá-lo. Resumindo uma longa história: se a busca da felicidade deve resultar em indivíduos felizes, para os heróis da primeira história ela precisa ser uma *tarefa coletiva*; mas, para os heróis da segunda, se trata de uma tarefa totalmente *privada*, a ser individualmente assumida e realizada do princípio ao fim.

Há outra diferença. Para os principais personagens da primeira história, consertar o mundo existente ou construir um novo e melhor era uma campanha que tinha um fim; considerava-se necessário transcender a condição atual do mundo para que outro pudesse ser colocado em seu lugar – e não apenas "outro mundo", mas um mundo que seria diferente do substituído por tornar toda nova transcendência redundante e indesejada. Em outras palavras, um *mundo perfeito*; num estado de perfeição, como afirma Leon Battista Alberti, qualquer mudança só pode ser para pior. A operação que os heróis da primeira história tentaram realizar tinha um limite temporal; a aceleração não teria sentido a menos que seu propósito fosse tornar mais próximo o momento de reduzir a velocidade e parar.

Os heróis da segunda história, por outro lado, se melindram com a ideia de algum dia parar e permanecer imóveis, ou sequer se preocupam com a linha de chegada, concentrando a atenção e os esforços na etapa seguinte, sabendo o tempo todo que não podem conhecer nem adivinhar o passo que deverão ou desejarão dar depois disso. Para eles, estar em movimento não é um empreendimento temporário que acabará cumprindo seu propósito, eliminando assim sua própria necessidade. O único objetivo de estar em movimento é *permanecer em movimento*. Se, para os heróis da primeira história, a mudança era uma *operação única*, um meio para um fim, para os da segunda narrativa a mudança é um fim em si mesma, que se espera perseguir *pela eternidade*.

Uma terceira diferença: os principais personagens da primeira história estavam prontos a instigar, incitar ou encorajar as pessoas à mudança. Estarrecidos diante da indolência e da falta de imaginação comuns aos seres humanos, acreditavam ou suspeitavam que muitos puxões e empurrões seriam necessários para forçar as pessoas a sair de seu estupor e aceitar a mudança – com a intenção de estimulá-las a se juntar ao esforço de mudar o mundo. Para os heróis da segunda história, por outro lado, condições como apatia, inércia e "imobilidade" não são perspectivas levadas a sério. Não precisam que lhes digam para mudar, muito menos que os forcem a isso. Não saberiam ficar parados. Até a rejeição da mudança exige que atuem. Eles estão em movimento porque *mover-se é preciso*. Movem-se porque não podem parar. Tal como as bicicletas, só ficam na posição ereta quando estão rodando. É como se seguissem o preceito de Lewis Carroll: "Aqui, veja você, é preciso dar o máximo na corrida para ficar no mesmo lugar".

Uma outra observação se faz necessária.

Nas duas histórias, personagens de tipos diferentes foram alçados ao papel de heróis. Os da primeira história eram roteiristas, diretores, regentes, instrutores e produtores artísticos. "O novo estilo de pensamento era reservado principalmente aos bem-nascidos, aos articulados e aos afortunados; as massas rurais e urbanas tinham pouca participação no novo arranjo", explica Gay.[9] Na segunda história, ou na história da transcendência humana tal como ela tende (e deveria?) a ser contada hoje em dia, os heróis são os próprios atores, todos eles – tanto os iluminados pelos refletores quanto os que permanecem à sombra, tanto os figurantes mudos quanto os que recebem textos enormes. No caminho da primeira para a segunda história, roteiristas e diretores praticamente desapareceram, enquanto os produtores se tornaram mais invisíveis do que nunca.

Por que isso aconteceu? Por que não se encontrou espaço na segunda história para os heróis da primeira? Por que eles acabaram sem emprego? Estaremos testemunhando um caso de missão cumprida, não importa o quanto os seus resultados possam ter sido imprevistos? Ou será que os heróis originais ficaram desmotivados, abandonaram seus postos missionários e adotaram outros passatempos mais promissores?

Ou será, talvez, que eles derreteram e se dissolveram na multidão sobre o palco, de modo que não é mais possível separá-los do elenco, muito menos colocá-los no centro da trama?

A vida de Theodor Wiesengrund Adorno se estende entre os dois períodos, separados no tempo, mas reunidos no seu trabalho, que narra essas histórias.

O trabalho de Adorno de fato *une* as duas histórias. O argumento de Adorno é que a segunda história, não importa o quanto possa parecer diferente da primeira, só pode ser compreendida se a anterior tiver sido totalmente absorvida e digerida. O mundo narrado na segunda história só pode ser entendido se for visto como uma sequência daquele que é descrito na primeira.

Isso não implica, contudo, que a primeira história determine a iminência da segunda. Por si mesma, não permite que a segunda história seja deduzida, já que as sequências poderiam ser diferentes. A história não teria que fazer o giro que fez nem seguir o itinerário que seguiu. Mas, uma vez narrado, o mundo da segunda história exige que o primeiro seja revisitado e examinado pela segunda vez. A segunda história torna plausível e obrigatória uma revisão da primeira. As duas histórias só fazem sentido num diálogo. O trabalho de Adorno é esse diálogo.

O trabalho de Adorno *separa* as duas histórias pelo ato de sua *unificação*: o mundo, tal como descrito na segunda história, é uma oposição radical à negação do mundo narrado na primeira – mas essa oposição radical é apresentada como o produto final da autodestruição do primeiro. Quanto mais aguda é essa autodestruição, mais claro se torna o potencial destrutivo (e de fato autodestrutivo) do mundo a que se opõe. A tarefa dessa oposição, nas palavras do próprio Adorno, "não é a conservação do passado, mas a redenção de suas esperanças" – esperanças agora descartadas, esquecidas e talvez perdidas; e isso é o que toda resistência deve necessariamente envolver, já que, no mundo retratado pela segunda história, "o passado é preservado como a sua destruição".[10]

O passado tende a ser destruído de modo incansável e sistemático, tornando praticamente impossível a redenção das esperanças, de modo que os indivíduos "são reduzidos à mera sequência de experiências instantâneas que não deixam traço, ou então cujo traço é odiado como irracional, supérfluo ou 'suplantado' no sentido literal do termo".[11] Quando os indivíduos se tornam assim reduzidos, é pouco provável que busquem segurança na esperança, ou seja, numa causa que ainda deve consolidar-se na realidade. Como Pierre Bourdieu apontaria poucas décadas depois, pessoas que não têm nem um pequeno ponto de apoio no presente (e não o têm, dadas as experiências notoriamente voláteis e disformes, fragmentadas em pequenos e rápidos episódios) não reunirão a coragem exigida para se apoiar no futuro.[12] Dificilmente vão considerar o futuro, impenetrável e caprichoso, um cofre sólido e suficientemente durável para preservar seus passes de salvo-conduto... O estado de precariedade, como diria Bourdieu, "torna todo o futuro incerto, e assim proíbe qualquer previsão racional – e em particular desautoriza esse mínimo de esperança no futuro de que se necessita para se rebelar".

Seguindo por episódios que não parecem harmonizar-se numa sequência lógica, e muito menos previsível, o indivíduo se inclinará em vez disso, como diz Adorno, a "render-se à coletividade: como recompensa por pular no 'caldeirão', lhe é prometida a graça de ser escolhido, de pertencer. Pessoas fracas e amedrontadas sentem-se fortes quando correm de mãos dadas".[13] Censurado e diariamente frustrado, o indivíduo encontrará abrigo para o narcisismo pessoal no "narcisismo coletivo": uma promessa de segurança que só pode ser enganosa, considerando-se o passo da salvação dessas individualidades seriamente feridas – a esperança de salvação está fadada à frustração, já que a autoestima compensatória "por procuração" é prometida pelo mesmo coletivo que torna a admissão condicional à suspensão ou ao abandono da individualidade.[14] E, ainda assim, dada a falta de poder dos indivíduos, estes ainda estariam "expostos a um grau intolerável de dano narcísico se não buscassem uma identificação compensatória com o poder e a glória do coletivo".[15]

Uma renúncia ensaiada e reiterada da individualidade é de fato o ato (repetitivo) do qual são construídas – e sempre reconstruídas – as paredes das hospedagens públicas que oferecem abrigo (por uma ou duas noites) aos narcisismos individuais sem lar e errantes. É apenas o enorme volume de individualidades descartadas depositado na entrada que faz as paredes da hospedagem parecerem já estabelecidas e testadas como sólidas e seguras o bastante para encorajar a entrada.

Os abrigos são *imaginados* – mas, sendo a imaginação uma faculdade reconhecidamente volúvel e caprichosa, são reduzidas as chances de que qualquer abrigo permaneça popular e procurado por muito tempo. Os abrigos imaginados estão longe de ser "naturais" ou "dados". Sua vida é pouco mais que uma sucessão de momentos de ressurreição, um milagre de renascimento diário de cuja continuidade jamais se pode ter certeza. Tal como os que neles buscam segurança, os abrigos vivem de episódios. Sua fragilidade e, portanto, também seu dúbio status com relação à garantia de segurança (sendo esta uma condição que só pode ser de longo prazo, já que inclui a permanência como traço definidor) só podem ser ocultos pela velocidade e prontidão com que as hordas buscam e reivindicam abrigo, correm de um refúgio para outro, de um curto episódio para o seguinte: de membro do grupo das pessoas com cabelo cor de caramelo para as de cabelo cor de mogno, ou da vigília noturna "na comunidade" contra um pedófilo solto da prisão para uma demonstração contra os planos de construção de um acampamento destinado a refugiados em busca de asilo numa área próxima demais para o nosso conforto.

A *communis opinio* parece uma dádiva divina para os indivíduos cujos recursos individualmente controlados e administrados estão muito aquém da quantidade necessária para separar, com algum grau de confiança, a verdade da "mera opinião", como diz Adorno. Ela livra o indivíduo de decisões que eles, de qualquer modo, são impotentes para tomar, e assim tira o insulto da injúria e mantém o sal longe da ferida. "O que é verdade e o que é mera opinião", diz Adorno, é decidido "pelo poder societário, que denuncia como simples capricho qualquer coisa que não esteja de acordo com seu próprio capricho. A fronteira entre a opinião saudável e a patogênica é traçada *in praxi* pela autoridade prevalecente, não pela avaliação bem informada."[16]

Uma fronteira finalmente! Em sua presença, todas as hesitações temerosas caem por terra e podem ser postas de lado; agora que se sabe onde é dentro e onde é fora e como distinguir um do outro, pode-se tentar ficar dentro e longe da inquisição dos guardas de fronteira. Talvez, apenas talvez, ficar do lado de dentro sirva para proporcionar aquela segurança desejada, mas irritantemente evasiva (os perdedores não podem escolher); enquanto, para o espírito aventureiro, a visão de uma fronteira oferecerá afinal algo para transgredir. Os que buscam segurança e os viciados em aventura são atendidos em igual medida pelo exercício do poder das autoridades. Não admira que se encontrem juntando esforços para a fortificação da fronteira: eis uma tarefa sobre a qual podem concordar e em cuja realização estão prontos a cooperar, apesar dos múltiplos antagonismos. E quem iria notar a fronteira, para não dizer ajoelhar-se diante de sua serena e inexorável estabilidade, não fosse por seus esforços mutuamente contraditórios, mas também indispensáveis e complementares?

Algumas décadas depois de Adorno enviar seu *Mínima Moralia* aos editores, Czeslaw Milosz, o grande poeta polonês, sugeriu que os intelectuais e artistas que escolhem (ou são forçados a escolher) o exílio – o grande desconhecido além-fronteira – adquirem um insight sobre a sorte dos homens e mulheres contemporâneos; dificilmente chegariam a isso se tivessem ficado do lado de dentro da fronteira, ainda que compartilhassem o destino daqueles cujas vidas lutavam para entender.[17] Será que Joyce teria escrito *Ulysses* se tivesse ficado a vida toda em Dublin? Será que Isaac Bashevis Singer teria invocado o mundo do *shtetl* * se esse ambiente não tivesse se afastado para além da possibilidade de retorno? Perguntas retóricas, com certeza; de fato, não teriam. Leva tempo para compreender que "exílio não quer dizer apenas cruzar fronteiras; é algo que cresce e amadurece dentro dos exilados, os transforma e se torna seu destino". Há uma bênção (ou pelo menos a chance de uma bênção) no disfarce sombrio e perturbador da solidão, do abandono e da alienação. A perda da inclusão confortável, harmoniosa e não problemática no espaço circundante e a impossibilidade de sentir-se em casa nesse espaço que é tão próximo e ao mesmo tempo tão distante – tão diferente da topografia memorizada das terras deixadas para trás que atormenta o exilado ou refugiado – permitem que ele penetre mais profundamente a lógica e o significado universais de um tipo de

---

* Vilarejo judaico (N.T.).

mundo (diríamos, nosso mundo líquido-moderno) no qual todos, embora quase sempre inconscientemente, compartilham a condição de exilado: "O que aconteceu na vida de todos é submetido a uma contínua transformação na memória e com muita frequência ganha as características de um paraíso perdido, cada vez mais bizarro e estranho." Quase tudo que se possa dizer para tentar transmitir a condição amorfa e vagamente ameaçadora do exilado também pode ser dito de todos os outros homens e mulheres expostos à nova paisagem urbana líquido-moderna.

Dupla lealdade, duplo risco, chance redobrada de autocompreensão... "O exílio é um teste de liberdade", conclui Milosz, "e essa liberdade assusta. ... O exílio destrói – mas, se você resistir à destruição, esse teste o tornará mais forte."

As perspectivas de emancipação humana parecem hoje profundamente distintas daquelas que se mostravam tão evidentes para Marx, embora os ataques feitos por ele a um mundo imperdoavelmente hostil à humanidade nada tenham perdido em termos de atualidade e urgência; e o fracasso em encontrar um júri competente, com o poder de dar um veredicto e fazê-lo cumprir, de punir os culpados e compensar as vítimas, não tenha oferecido nenhuma prova cabal da falsa realidade da busca original de emancipação. Não se ofereceu uma razão convincente para tirar a emancipação da agenda (o oposto é verdadeiro: a nociva persistência dos infortúnios é uma razão adicional para se tentar com mais vigor). Nesse ponto, Adorno é inflexível: "A presença não atenuada do sofrimento, do medo e da ameaça impõe a necessidade de não se descartar o pensamento que não possa ser concretizado." Agora, como então, "a filosofia deve vir a saber, sem atenuação, por que o mundo – que poderia ser um paraíso aqui e agora – pode tornar-se o inferno amanhã." A diferença entre "agora" e "então" deve ser procurada em outro lugar.

Para Marx, o mundo parecia pronto para se transformar num paraíso "aqui e então". Parecia preparado para um giro instantâneo de 180 graus, pois "a possibilidade de mudar o mundo 'de alto a baixo' estava imediatamente presente".[18] Não é mais esse o caso, se é que já foi ("só a teimosia pode continuar sustentando a tese de Marx como ele a formulou"). A possibilidade de um atalho para um mundo mais ajustado à vida humana se perdeu. Em vez disso, diríamos que entre este mundo aqui e agora e o outro, hospitaleiro à humanidade e "amigável ao usuário", não há pontes visíveis, quer genuínas quer putativas. Também não há multidões ávidas por debandar por toda a extensão da ponte, caso esta fosse planejada, nem veículos capazes de conduzir os interessados para o outro lado e deixá-los a salvo. Ninguém pode ter certeza sobre a maneira como se poderia planejar uma ponte viável; nem em que lugar ao longo da margem seria possível colocar suas bases para que o tráfego fluísse suave e confortável. As possibilidades, poder-se-ia concluir, não estão imediatamente presentes. Nas palavras de Adorno, "espírito" e "entidade concreta" se separaram, e o espírito só pode agarrar as realidades por seu próprio risco e, em última instância, colocando em risco a própria realidade.

"Só um pensamento que não tenha um refúgio mental, nenhuma ilusão quanto à esfera interior, e que reconheça sua falta de função e poder talvez possa captar um lampejo de uma ordem do possível e do inexistente, onde os seres humanos e as coisas estariam em seus devidos lugares".[19] "O pensamento filosófico logo deixa de se contentar com cognições previsíveis e das quais nada mais surge senão o que já foi postulado anteriormente."[20]

> De toda forma, o pensamento não é a reprodução intelectual do que já existe. Desde que não se interrompa, o pensamento tem um apoio seguro na possibilidade. Seu aspecto insaciável e sua aversão a ser rápido e facilmente satisfeito recusam a sabedoria tola da resignação. O momento utópico no pensamento é mais forte quanto menos este ... se materializa numa utopia que sabote, assim, sua realização. O pensamento aberto aponta para além de si mesmo.[21]

A filosofia, insiste Adorno, significa a "determinação de se apegar à liberdade intelectual e real", e apenas nessa condição pode e deve permanecer "imune à influência do *status quo*".[22]

Não sei se Adorno leu Franz Rosenzweig, mas um leitor de ambos certamente ficaria chocado com o parentesco eletivo (embora apenas eletivo) entre as conclusões dos dois pensadores, que se mostra claramente por entre a infinidade de diferenças que os dividem – no vocabulário, nas fontes de inspiração, na distribuição de ênfases e "relevâncias tópicas". Para Rosenzweig, da mesma forma que para Adorno, "ser incompreendido pelo senso comum é o privilégio e mesmo o dever da filosofia".[23] A alternativa só pode ser a "*apoplexia philosophica* aguda" que reina suprema nos gabinetes acadêmicos – ainda que, ou exatamente porque, a vocação final da filosofia seja erguer o *Lebenswelt* humano a um nível no qual a incompreensão não mais será seu destino.[24]

"A teoria", insiste Adorno, "representa o que não é tacanho"[25] – e o senso comum com toda certeza o é, por todas as razões já apresentadas e por muitas outras detalhadamente fornecidas ao longo dos prolíficos textos de Adorno. A prática, e particularmente a praticidade, é com muita frequência uma desculpa ou autoilusão dos "canalhas", como aquele "parlamentar idiota da caricatura de Doré", orgulhoso por não enxergar além das tarefas imediatas. Adorno nega à prática o valor que costuma ser-lhe atribuído pelos porta-vozes da ciência "positiva" e pelos acadêmicos profissionais (na verdade, a imensa maioria deles) que se rendem a esse terror.

A prática não é um teste da verdade, muito menos o teste final e decisivo; é um obstáculo ou um caminho para a verdade. A praticidade e a proximidade dos efeitos de uma ação não são uma medida legítima do poder de alcance de uma teoria nem um teste confiável de sua qualidade. A prática perdeu tal autoridade quando abandonou as esperanças e promessas não cumpridas do passado, deixando a teoria à própria sorte no campo de batalha em que a preservação e redenção dessas esperanças são defendidas e podem acabar sendo alcançadas.

Não creio que Adorno esperasse muito ganho para o espírito no diálogo com a matéria – e, uma vez totalmente despidos de sua subjetividade e amontoados numa massa desconexa, dispersa e rastejante, os seres humanos foram reduzidos ao estado de matéria. Adorno advertiu seu amigo mais velho Walter Benjamin contra o que chamava de "motivos brechtianos": a esperança de que os "verdadeiros trabalhadores" evitassem que a arte perdesse sua aura ou de que seriam salvos pela "proximidade do efeito estético combinado" da arte revolucionária.[26] Os "verdadeiros trabalhadores", insistiu, "de fato não desfrutam de vantagens sobre seus correlativos burgueses" a esse respeito – eles "portam todas as marcas de mutilação do típico caráter burguês". E então vem o tiro de misericórdia: cuidado ao "transformar nossa necessidade" (a dos intelectuais que "precisam do proletário para a revolução") "numa virtude do proletariado, como somos constantemente tentados a fazer".

"O mundo quer ser enganado": o veredicto ríspido de Adorno parece um comentário sobre a lúgubre história de Feuchtwanger a respeito de Ulisses e o suíno, ou, nesse sentido, sobre "O medo à liberdade", de Erich Fromm, ou, no arquétipo de todas as histórias, sobre a melancólica especulação de Platão acerca do destino trágico dos filósofos que tentam compartilhar com as pessoas da caverna as novidades trazidas do mundo iluminado pelo sol. "Como diz o ditado, as pessoas não apenas caem numa farsa, ... elas querem ser enganadas", "sentem que suas vidas seriam totalmente intoleráveis tão logo deixassem de se apegar a satisfações que nada significam."[27] Adorno cita com plena aprovação o ensaio de Sigmund Freud sobre a psicologia de grupo: o grupo "deseja ser governado pela força irrestrita: tem uma paixão extrema pela autoridade – na expressão de Le Bon, tem sede de obediência. O pai primordial é o ideal de grupo que governa o ego no lugar do ideal de ego."[28] E ele atribui o sucesso surpreendente e o domínio incontestado da "indústria" da cultura de massa a sua astúcia em satisfazer esse ideal: "Esse sonho de 'sentir-se pisando em terra firme' – refletido na necessidade infantil de proteção, e não no desejo de emoção – é cultivado. O elemento da excitação só é preservado com ironia. ... Tudo parece de alguma forma 'predestinado.'"[29]

Se a "emancipação", o objetivo supremo da crítica social, visa ao "desenvolvimento de indivíduos autônomos, independentes, que julguem e decidam conscientemente por si mesmos",[30] esta se opõe à resistência assustadora da "indústria cultural"; mas também à pressão daquela multidão cujos anseios essa indústria promete satisfazer – e, enganosamente ou não, satisfaz.

Então, onde é que isso deixa os intelectuais, os guardiões das esperanças e promessas não cumpridas do passado, os críticos de um presente culpado por esquecê-las e abandoná-las irrealizadas?

Pela opinião comum – ao que parece inaugurada por Jürgen Habermas e questionada apenas por uns poucos intelectuais da Escola de Frankfurt, e ainda assim só num período relativamente recente – a resposta de Adorno a essa pergunta e a outras semelhantes é mais bem transmitida pela imagem de uma "mensagem na garrafa". Quem escreveu a mensagem, colocou-a na garrafa, selou o recipiente e o jogou no mar não tinha ideia de quando (se é que um dia) a garrafa seria encontrada e de que marinheiro (se algum) iria recolhê-la; e se esse marinheiro, tendo aberto a garrafa e tirado o pedaço de papel, seria capaz e estaria disposto a ler o texto, entender a mensagem, aceitar seu conteúdo e utilizá-lo da maneira pretendida pelo autor. Toda essa equação consiste em variáveis desconhecidas, e não há forma pela qual o autor da "mensagem na garrafa" possa resolvê-las. Na melhor das hipóteses, ele poderia, repetindo Marx, *Dixi et salvavi animam meam*: o autor completou sua missão e fez tudo que estava a seu alcance para salvar a mensagem da extinção. As esperanças e promessas que ele conhece, mas que a maioria de seus contemporâneos nunca aprendeu ou preferiria ter esquecido, não ultrapassará o ponto sem retorno em seu caminho rumo ao esquecimento; terão ao menos a chance de uma vida nova. Não morrerão com o autor –

pelo menos não precisarão morrer, como precisariam se o próprio pensador, em vez de usar uma garrafa hermeticamente fechada, se tivesse entregado ao sabor das ondas.

Como Adorno adverte, e repetidamente, "nenhum pensamento é imune à comunicação, e pronunciá-lo no lugar errado e com o entendimento errado é suficiente para abalar sua verdade."[31] E assim, quando se trata de comunicar-se com os atores, com os atores potenciais, com os atores abortivos e aqueles relutantes em se juntar à ação no momento devido, "para o intelectual, o isolamento inviolável é agora a única maneira de mostrar algum grau de solidariedade" por aqueles que estão "por baixo e por fora". Tal reclusão autoimposta não é, na visão de Adorno, um ato de traição – nem um sinal de retirada, tampouco um gesto de condescendência (estando estes relacionados: "a condescendência e a falta de amor-próprio são a mesma coisa", assinala o próprio Adorno). Manter-se à distância, paradoxalmente, é um ato de engajamento – a única forma que pode ser assumida pelo engajamento ao lado das esperanças irrealizadas ou traídas: "O observador desarraigado está tão envolvido quanto o participante ativo; a única vantagem do primeiro é a capacidade de discernir esse envolvimento e a liberdade infinitesimal que reside no conhecimento como tal."[32]

A alegoria da "mensagem na garrafa" implica dois pressupostos: que havia uma mensagem apropriada a ser escrita e digna do incômodo de se jogar a garrafa no mar; e que, uma vez encontrada e lida (num momento que não pode ser definido antecipadamente), a mensagem ainda será digna dos esforços, da parte de quem a encontrou, de retirá-la, estudá-la, absorvê-la e adotá-la. Em alguns casos, como o de Adorno, dirigir a mensagem a um leitor desconhecido num futuro indefinido pode ser preferível a associar-se a contemporâneos considerados despreparados ou indispostos a escutar, que dirá captar e reter, o que ouvem. Em tais casos, enviar a mensagem a um espaço e tempo não mapeados baseia-se na esperança de que sua força sobreviva ao atual descaso e às condições (transitórias) que causaram essa negligência. O recurso da "mensagem na garrafa" faz sentido se (e apenas se) as pessoas que a ele recorrem acreditam que os valores são eternos, confiam na sua universalidade e suspeitam que as preocupações que atualmente desencadeiam a busca da verdade e a arregimentação em defesa dos valores vão persistir. A mensagem na garrafa é testemunha da *transitoriedade da frustração* e da *permanência da esperança*, da *indestrutibilidade das possibilidades* e da *fragilidade das adversidades* que impedem a implementação das possibilidades. Na versão de Adorno, a teoria crítica é uma testemunha desse tipo – e suas advertências, a metáfora da mensagem na garrafa.

Observemos agora que o fato de ele ser uma testemunha desse tipo estabelece uma profunda separação entre a crítica de Adorno e o "pensamento radical" da corrente niilista pós-moderna com a qual tende a ser confundida com muita frequência. Concordo com Jean Baudrillard, o principal porta-voz dessa corrente, quando ele afirma que esse "pensamento radical" não é dialético nem realmente "crítico"; e eu sugeriria que isso se dá porque rejeita os dois pressupostos cuja aceitação por Adorno tem o testemunho vívido de sua teoria crítica. Nos manifestos programáticos de Baudrillard,[33] o "pensamento radical" se recusa a engajar-se na negociação de significados que constitui a substância da teorização crítica; o principal interesse do "pensamento radical" *não* é a reinterpretação ou explicação dos eventos, mas um ato de desafio a sua realidade e à validade do pensamento voltado para sua explicação; o desmascaramento e a degradação deste último é a mera replicação, no pensamento, da "destruição simbólica" perpetuada pelo "evento". O "pensamento radical" *não* nasce da dúvida filosófica nem da utopia frustrada. Faz o percurso completo visando a questionar o mundo, *inclusive* sua crítica utópica e a filosofia que surge da brecha que separa a dúvida da utopia. Os praticantes do pensamento radical na versão de Baudrillard "sonham com um mundo em que todos riam espontaneamente quando alguém disser 'isto é verdadeiro', 'isto é real'". Nesse mundo, podemos comentar, o tempo está suspenso, e as questões da durabilidade e da transitoriedade são desprovidas de sentido, da mesma forma que o gesto de jogar uma garrafa no mar.

Se a alegoria da "mensagem na garrafa" é uma descrição taquigráfica das intenções e ações factuais de Adorno, e não uma tentativa de apreender, com o auxílio de uma metáfora, o sentido das esparsas reflexões programáticas, este é um assunto para discussão. Mas é exatamente assim quando se trata de avaliar a carreira pós-exílio da Escola de Frankfurt e de seu reconhecido líder espiritual, depois do "regresso ao lar" – vindos da obscura periferia do mundo acadêmico norte-americano para o centro profusamente iluminado da vida intelectual alemã, e logo depois europeia; ou seja, durante a única época da vida de Adorno em que os teóricos críticos obtiveram posições de poder e recursos materiais que lhes permitiram colocar em prática o que essa teoria recomendava como conteúdo mais desejável. Como Adorno e Horkheimer refletiram em seu exílio nos Estados Unidos, "a história das antigas escolas e religiões, tal como a dos modernos partidos e revoluções, ensina que o preço da sobrevivência é o envolvimento prático, a transformação das ideias em dominação". Horkheimer, como reitor de Freiburg, e Adorno, como chefe da ressuscitada Escola de Frankfurt, tiveram a chance dessa transformação.

Alguns estudos influentes, confirmando o veredicto dos estudantes revoltosos de 1968, asseguram que Adorno se estabeleceu confortavelmente nessa nova situação, mais preocupado com a dominação e seus instrumentos administrativos do que com a recuperação e preservação da pureza das ideias. De modo mais ou menos suave e com pouco ou nenhum constrangimento e hesitação, ele e Horkheimer, como foi sugerido, combinaram-se, ao "establishment" (seja qual for o sentido que se atribua a esse termo usado em demasia e de maneira errônea), confirmando assim, ainda que inadvertidamente, os repetidos avisos de Adorno sobre o poder de absorção da administração, capaz de refazer à sua própria imagem até mesmo a mais firme oposição. Recentemente, porém, uma versão bem diferente do papel de Adorno/Horkheimer na Alemanha do pós-guerra tem ganho influência entre os estudiosos do primeiro: uma história da versão dos teóricos críticos da "longa marcha pelas instituições", um esforço resoluto, metódico e consistente para empregar o prestígio e a autoridade recém-adquiridos com a finalidade de sacudir as instituições acadêmicas existentes e o meio intelectual em geral para sair de seu estupor conservador e se tornar receptivos ao pensamento crítico e hospitaleiros aos empreendimentos de longo prazo que a teoria crítica implicava.

Clara e lamentavelmente me falta a competência necessária para tomar posições na disputa acima, um tema a ser abordado e resolvido por historiadores. Em vez disso, examinarei os conteúdos da "mensagem na garrafa": o conselho que pode ser recuperado postumamente dos textos de Adorno pelos intelectuais de nossa geração (ou seja, permitam-me relembrar, uma geração coincidente com a era descrita na segunda de nossas duas histórias); e a relevância desse aviso para os desafios e tarefas com que essa geração e, portanto, seus intelectuais são confrontados.

Permitam-me observar em primeiro lugar que nenhuma das duas acusações correlacionadas levantadas por Karl Marx cerca de dois séculos atrás contra o capital – sua destrutividade e sua iniquidade moral – perdeu atualidade. Só o escopo do desperdício e da injustiça é que mudou: ambas ganharam agora *dimensões planetárias*. E assim também a formidável tarefa de emancipação cuja urgência estimulou o estabelecimento da Escola de Frankfurt, mais de um século atrás, e continuou a orientar seus trabalhos.

Em seu estudo histórico, recentemente publicado, sobre a "guinada cultural" nas preocupações dos intelectuais norte-americanos e britânicos, Michael Denning cita Terry Eagleton para afirmar que, "se a esquerda da década de 1930 [o que significa dizer os intelectuais de esquerda] tinha subestimado a cultura, a esquerda pós-moderna a superestimou". E apenas objeta que não foi a reação à "subvalorização" que impôs o divisor de águas original da "guinada cultural", nem foi a reação à "sobrevalorização" que desencadeou a atual reviravolta dos "estudos pós-culturais"; mas o fato de que o "momento histórico" da divisão tripartida do planeta (um momento que tornou plausível a "cultura" dos "estudos culturais") já se foi.[34] Foi o *mundo* que mudou; a era do primeiro, segundo e terceiro mundos terminou, limpando o terreno para "o momento da globalização", e a mudança do foco de atenção dos intelectuais, com a resultante guinada teórica, foi mera consequência. É esse novo momento que, na visão de Denning, tem a maior responsabilidade pela atual mudança de interesse: uma passagem da questão de "como os povos" (nações, etnias, raças etc.) "são produzidos", e um afastamento da crítica dos "aparelhos ideológicos de Estado" e da "indústria cultural", para o registro da "emergência de uma cultura global", a "crítica cultural transnacional" e o novo vocabulário da "hibridização", "crioulização" ou "diáspora".

Permitam-me observar, contudo, que é o conhecimento crescentemente "transnacional" da elite, a classe cada vez mais afirmativa e ruidosamente *extraterritorial* de criadores e manipuladores de símbolos, que se coloca na linha de frente da "globalização" – termo resumido para o enfraquecimento genuíno ou putativo, gradual mas implacável, da maioria das distinções territorialmente fixadas, e a substituição de grupos e associações territorialmente definidos por "redes" eletronicamente mediadas, negligentes quanto ao espaço físico e livres do controle das localidades e das soberanias espacialmente circunscritas. E permitam-me observar também que é essa elite do conhecimento que, em primeiro lugar e acima de tudo, vivencia sua própria condição como "transnacional"; e que é esse tipo de experiência que tende a ser reprocessado na ideia de "cultura global", em que a "hibridização" se torna tendência dominante: uma imagem que a porção menos móvel da humanidade pode muito bem achar difícil de adotar como justa representação de suas realidades cotidianas.

Trata-se, sem dúvida, de um seminal divisor de águas – embora principalmente na localização, ambição e função sociais da *elite do conhecimento*. Independentemente do quanto tenha mudado na transformação do planeta de "três mundos" para o "momento da globalização", o atual realinhamento das preocupações dos estudos culturais é tudo, menos súbito; foi preparado e gerado muito antes de se anunciar o advento da globalização. Suas raízes podem ser encontradas na nova esquerda da década de 1960, cuja preocupação era, para citar a feliz expressão de Denning: "Como inventar um marxismo sem classes."

Permitam-me acrescentar: um marxismo sem um *agente histórico*; um marxismo sem a mais marxista das crenças marxistas – que cada período histórico cria o portador de sua própria transformação revolucionária. Não apenas o proletariado foi relegado como causa perdida e recebeu o adeus. Sua partida deixou o discurso intelectual na companhia exclusiva do que restara dos "intelectuais gerais", antes encarregados da tarefa de localizar, iluminar e orientar os agentes da mudança histórica – tarefa que os "intelectuais parciais", convidados por Michel Foucault e seus numerosos seguidores para substituí-los, não estavam dispostos nem aconselhados a assumir. O pacto entre "os intelectuais" e o "povo", que eles antes buscavam emancipar e orientar para a história, tinha sido rompido – ou antes revogado de modo tão unilateral quanto se anunciara no limiar da Era Moderna. Os descendentes dos intelectuais de outrora, a elite do conhecimento, tendo participado da "secessão dos rivais", agora se movimentam num mundo profundamente diferente dos muitos mundos diferentes (e que decerto não se sobrepõe a eles) em que as vidas e expectativas do "povo" (ou sua ausência) são ocultas e trancafiadas.

E no entanto...

A crítica de Marx aos exorbitantes custos humanos do capital livre de restrições políticas e éticas foi lançada no limiar da era da construção do Estado-nação. Antes dela, a subordinação da atividade econômica a um amplo espectro de necessidades humanas e a padrões de decência e equidade comumente aceitos era exercida no nível da comunidade local e sustentada por instituições locais semelhantes, como municipalidades, distritos, paróquias e associações de artesãos. No final do século XVIII, todos esses elementos do *régime* que logo começaria a ser chamado de *ancien* foram submetidos a pressões a que não estavam preparados nem ajustados para resistir. Encontravam-se num estado de avançada putrefação, não mais capazes de exercer um controle efetivo. Acima do nível local e de suas instituições cada vez mais impotentes, surgiu, fora dos limites das autoridades locais, um novo espaço "socialmente extraterritorial" – e ainda não havia outra autoridade desejosa e capaz de assumir a supervisão dos padrões de relações humanas e de justiça nas trocas entre as pessoas. O resultado imediato dessa emancipação da atividade econômica em relação a todo critério, com exceção de qualquer propósito ligado à multiplicação dos lucros, foi um crescimento sem precedentes da produção e da acumulação de riquezas. E também uma polarização aguda e violenta dos padrões de vida, uma massa de "detritos humanos" (redundantes, supérfluos e destituídos de função, e portanto excluídos da companhia dos portadores de direitos humanos e negados em sua dignidade humana) em rápida expansão, a desvalorização acelerada e a subsequente extinção das formas costumeiras de ganhar a vida; tudo isso coberto pela rápida e inexorável desintegração das redes habituais de proteção formadas por vínculos, obrigações e compromissos humanos. O desmantelamento e a desqualificação dos mecanismos existentes de regulação normativa foram saudados pelos empresários como um *triunfo da liberdade* sobre restrições economicamente sem sentido e portanto "retrógradas". Entre aqueles situados na ponta receptora da "grande transformação", isso era percebido, acima de tudo, como uma *perda de segurança*.

O que Marx (e não apenas ele) tomou como o presságio e o augúrio de uma ordem pós-capitalista, uma ordem que tornaria a liberdade uma propriedade universal, e não o privilégio de uns poucos, e como um sinal incipiente da iminente rebelião das massas exploradas contra a forma especificamente capitalista de não liberdade, pode ser visto, com o benefício da distância, como uma tentativa sincera e desesperada, embora estéril e condenada, de "conter a maré" e "interromper a putrefação"; como manifestações difusas e desfocadas de resistência à negação da segurança costumeira, à nova precariedade da posição social e das perspectivas de sobrevivência, à expulsão forçada da rede de vínculos humanos que costumava garantir uma vida considerada decente segundo os padrões aceitos – em suma, contra o "golpe duplo" representado pela ameaça à sobrevivência e à negação da dignidade. O descontentamento foi alimentado pela perda de segurança – não foi um salto frustrado para a liberdade.

Foi a perda da segurança, dolorosamente sentida, que inspirou a invenção e propagação dos sindicatos, sociedades beneficentes e cooperativas de consumidores; e foi a promessa de restaurar a segurança perdida por meios diferentes dos tradicionais que escorou a reivindicação de legitimidade e obediência do nascente Estado-nação. O longo e finalmente vitorioso avanço do moderno Estado-nação foi pontuado pelas leis das fábricas, colocando limites às liberdades até então irrestritas de obter lucro, culminando no estabelecimento do "Estado social", ou seja, do seguro coletivo contra o infortúnio de um indivíduo ou categoria.

Mas esse capítulo da história moderna está encerrado – pelo menos na parte do planeta em que os projetos de emancipação contidos no legado de Adorno foram escritos e colocados em garrafas. Nessa parte do mundo, o método utilizado pelo "Estado-nação" para resolver os problemas gerados pela produção compulsiva de lixo, desigualdade e indignidade, essa tendência endêmica e marca registrada de uma economia dominada pelo mercado, tem seguido o seu curso. Os mercados de capital e de mercadorias agora se mudaram para um *novo espaço societalmente extraterritorial*, situado bem acima dos domínios da soberania dos Estados, e portanto além do alcance de sua capacidade de supervisão, estabilização e mitigação. E os Estados-nação são colocados na ponta receptora do processo de globalização do capital, em posição similar à que foi ocupada pelas autoridades locais no princípio da construção dos Estados nacionais. Agora é a vez de eles serem acusados de impor restrições "economicamente sem sentido", e portanto retrógradas, sobre a atividade econômica; e de serem pressionados ou coagidos a renunciar a todos os direitos e intenções de interferência política em assuntos relacionados ao fluxo global de capitais e mercadorias.

Os resultados sociais dessa segunda emancipação – desta vez no emergente nível planetário – são marcadamente semelhantes àquelas registradas dois séculos atrás no nível dos emergentes Estados-nação, durante o período intermediário entre a libertação dos negócios das restrições locais/comunais e seu enquadramento na estrutura das novas regulações, administradas e policiadas pelas instituições políticas do Estado nacional. Para a grande maioria dos habitantes do planeta, a soma total das atuais transformações (com o codinome de "globalização") equivale a uma profunda deterioração de suas condições de vida – mas, acima de tudo, ao advento de uma desconhecida *insegurança da existência*, ou insegurança de um tipo novo e desconhecido, despido das defesas e soluções anteriores e rotineiras. Para reutilizar a adequada expressão de Pierre Bourdieu: em sua ponta receptora, a globalização unilateral limitada aos empreendimentos comerciais é percebida acima de tudo como uma perda de controle sobre o presente e uma incapacidade de prever o que o futuro poderá trazer, e portanto também de desenvolver meios de colocar o futuro sob controle. Cada vez mais, os apelos por mais liberdade, a apresentação da liberdade mais ampla como a cura universal para todos os males presentes e futuros, e as demandas para desmantelar e tirar do caminho os resíduos de restrições que tolhem os movimentos dos que esperam fazer bom uso do fato de estar em movimento são vistos, com suspeita, como uma ideologia da elite global emergente. Caem em ouvidos moucos no que se refere ao restante da população do planeta e estão se transformando rapidamente num grande obstáculo a um diálogo planetário.

Pode-se imaginar o que fariam os leitores da mensagem de Adorno se a garrafa se dirigisse para os mares do sul, para as costas da África subsaariana ou da Ásia... Será que a compreenderiam? E, em caso positivo, não a tomariam como outro insulto ou talvez como indicação de que um novo ataque inimigo estivesse sendo tramado? Seriam eles capazes, e teriam tempo e paciência, para separá-la das mensagens enviadas diariamente pelos satélites de comunicação – as mensagens citadas por Osama Siblani, editor da imprensa árabe-americana, quando escreveu, em outubro de 2001, que "os Estados Unidos [leia-se: a minoria abastada do planeta] perderam a guerra das boas relações no mundo islâmico [leia-se: a maioria oprimida do planeta] muito tempo atrás. ... Eles poderiam ter o profeta Maomé nas relações públicas, de nada adiantaria".[35] Os porta-vozes do mundo abastado queixam-se incansavelmente de que não conseguem "passar sua mensagem". Dificilmente conseguiriam, de vez que a privatização e a desregulamentação maciças por eles promovidas sob o guarda-chuva dessa mensagem "alimentaram", citando um vigoroso resumo de Naomi Klein, "exércitos de pessoas trancadas do lado de fora, cujos serviços não são mais necessários, cujos estilos de vida são descartados como 'atrasados', cujas necessidades básicas não são satisfeitas".[36]

Todos esses desvios não apenas levantam a questão da responsabilidade ética pela maioria menos afortunada da espécie humana; também impõem à "agenda da emancipação" uma nova e inédita convergência de preceitos éticos e interesses na sobrevivência – a sobrevivência conjunta, compartilhada, da *allgemeine Vereinigung der Menschheit* (como diria Kant), a unificação universal da humanidade. As condições exigidas para assegurar a sobrevivência humana (ou pelo menos aumentar sua probabilidade) não são mais divisíveis e "localizáveis". A miséria e os problemas atuais, em todas as suas múltiplas formas e sabores, têm *raízes planetárias* e exigem *soluções planetárias* (se é que existe alguma solução).

Da mesma forma que nenhuma ilha, mesmo que grande a ponto de reivindicar o status de continente, pode pleitear autonomia total, as mensagens de emancipação, para que tenham a chance de produzir um efeito radical, precisam ser legíveis para os marinheiros que navegam por todos os mares e oceanos do planeta. Tal como a causa da emancipação humana não pode ser efetivamente perseguida e defendida num único país ou grupo de países cegos e indiferentes ao que ocorre do lado de fora de suas fronteiras vigiadas de maneira estrita (mas ineficaz), não adiantará enviar a mensagem a um público selecionado e do mesmo modo confinado. E, no entanto, parece que é assim dirigida; não por se manter secreta em relação aos outros potenciais leitores (nenhuma mensagem pode permanecer secreta por muito tempo num planeta atravessado pelas vias rápidas da informação), mas porque tende a ignorar que, embora o triunfo mundial do "modo de vida moderno" signifique que o impulso de estabelecer uma agenda pode ser agora um fenômeno universal, planetário, os temas que clamam por um lugar de destaque em tal agenda permanecem tão territorialmente diferenciados quanto antes (talvez até mais) – tal como as consequências da globalização.

Embora todos os habitantes do planeta estejam, por assim dizer, no mesmo barco, do ponto de vista de suas perspectivas de sobrevivência (só podendo optar entre navegar ou afundar juntos), suas tarefas imediatas, e portanto seus destinos preferidos, diferem amplamente, tornando as ações e os propósitos que os informam dissonantemente deslocados, e alimentando antagonismos em que a solidariedade é o imperativo do momento.

O preceito de Adorno – de que a tarefa do pensamento crítico "não é a conservação do passado, mas a redenção das esperanças do passado" – não perdeu nada de sua atualidade; mas é precisamente pela permanente atualidade desse preceito que o pensamento crítico precisa de um contínuo repensar, para que continue condizente com a sua tarefa. Tal como antes, a esperança de atingir um equilíbrio aceitável entre liberdade e segurança, as duas condições *sine qua non* da sociedade humana, não imediatamente compatíveis, mas igualmente cruciais, precisa ser colocada no centro do esforço do repensar. Entre as esperanças do passado que precisam ser mais prontamente realizadas, aquelas preservadas nas *Ideen zur eine allgemeine Geschichte in weltbürgerliche Absicht* podem reivindicar, justificadamente, o status de metaesperança: uma esperança que torna possíveis todas as outras.

Basta dar uma olhada no planeta para se perceber quanto é grande essa encomenda e como é longo o caminho que se deve percorrer para enfrentar as lutas que estão por vir.

Mas com as armas – benditas ou malditas – da linguagem, com aquela curiosa partícula "não", declaração de negação, rejeição e recusa que nos ergue acima das evidências de nossos sentidos e que separa as aparências da verdade, e daquele tempo futuro igualmente bizarro (de se pensar) que nos leva para além do imediato e do dado, nós, seres humanos, não podemos deixar de imaginar como as coisas poderiam ser diferentes do que são agora. Não conseguimos nos contentar com "o que é" porque não podemos compreender o que "é" algo sem que o tenhamos ultrapassado. Fazemos as incômodas perguntas referentes ao "é" que exigem explicação e justificativa. Esperamos que as coisas mudem – e resolvemos mudá-las. Tanto coisas pequenas como grandes.

Com as armas – benditas ou malditas – do conhecimento do bem e do mal, nós, seres humanos, somos julgados e permanecemos em julgamento – sobre o que aconteceu e o que fizemos ou deixamos de fazer. Colocamos o "devia" na banca de jurados e o "é" no banco dos réus. Levamos o juiz (comumente chamado de "consciência") conosco (dentro de nós) aonde quer que vamos e no que quer que façamos. E acreditamos que chegar a uma sentença faz sentido: tem o poder de nos transformar e de transformar o mundo a nossa volta em algo melhor ou, no mínimo, menos mau.

Tão inevitavelmente quanto o encontro do oxigênio com o hidrogênio produz água, a esperança é concebida sempre que a imaginação se encontra com o senso moral. Como Ernest Bloch memoravelmente afirmou, antes de ser um *Homo sapiens*, uma criatura com pensamento, o homem é uma criatura com *esperan-*

ça. Não seria muito difícil mostrar que Emmanuel Levinas dizia mais ou menos o mesmo ao insistir que a ética precede a ontologia. Tal como o mundo lá fora tem de provar sua inocência no tribunal da ética, e não o contrário, a esperança não deve nem precisa reconhecer a jurisdição do "que meramente é". É a realidade que deve explicar por que não conseguiu atingir o padrão de decência estabelecido pela esperança.

Traçar os mapas da utopia que acompanhou o nascimento da Era Moderna foi fácil para os que se dedicaram a essa tarefa: bastava-lhes preencher os espaços em branco ou repintar as partes feias da grade do espaço público cuja presença era tida, e com razão, como algo garantido e não problemático. As utopias, as imagens da boa vida, eram trivialmente *sociais*, já que o significado de "social" nunca era posto em dúvida – não era ainda o "tema essencialmente contestado", como viria a ser um dia, em consequência do golpe de Estado neoliberal. Quem iria implementar o projeto e dirigir a transformação, esse não era o problema: déspota, República, rei ou povo. Um ou outro estava firmemente em seu lugar, aparentemente apenas à espera da iluminação e do sinal de agir. Não admira que a utopia *pública* ou *social* tenha sido a primeira baixa da drástica transformação pela qual tem passado a esfera pública em nossos dias.

Como tudo mais que um dia já esteve seguro nessa esfera, a utopia tornou-se o jogo e a presa dos que montam as armadilhas e dos caçadores solitários; um dos muitos espólios da conquista e anexação do público pelo privado. A grande visão social foi dividida numa multiplicidade de escaninhos privados, marcadamente semelhantes, mas decididamente não complementares. Cada um deles é feito sob medida para a satisfação do consumidor – voltado, como todas as alegrias do consumidor, para o gozo individual e solitário, mesmo quando apreciado em conjunto.

O espaço público poderia ser transformado novamente num lugar de engajamento permanente, e não de encontros casuais e passageiros? Sim e não. Se o "espaço público" significa a esfera envolta e atendida pelas instituições representativas do Estado-nação (como o foi durante a maior parte da história moderna), a resposta provavelmente é não. Essa variedade particular de palco público foi despida da maior parte dos implementos e ferramentas que lhe possibilitavam sustentar os dramas encenados no passado. Mesmo que a antiga parafernália tenha permanecido intacta, dificilmente seria suficiente para atender às novas produções, cada vez maiores e mais complexas, com milhões de personagens e bilhões de figurantes e espectadores. Esses palcos públicos, originalmente construídos para os propósitos políticos da nação e do Estado, continuam teimosamente locais – enquanto o drama contemporâneo tem a amplidão da humanidade, e portanto é ruidosa e enfaticamente global. A resposta "sim", para ser confiável, exige um espaço público novo e global: uma política que seja genuinamente planetária (o que é diferente de "internacional") e um palco planetário viável. Trata-se de uma responsabilidade verdadeiramente planetária: o reconhecimento do fato de que todos nós que compartilhamos o planeta dependemos uns dos outros para o nosso presente e futuro, que nada que façamos ou deixemos de fazer pode ser indiferente para o destino de todos os outros, e que nenhum de nós pode mais procurar e encontrar um refúgio privado para tormentas que se podem originar em qualquer parte do globo.

A lógica da responsabilidade planetária visa, ao menos em princípio, a confrontar os problemas gerados globalmente de maneira direta – no seu próprio nível. Parte do pressuposto de que soluções permanentes e verdadeiramente eficazes para os problemas de âmbito planetário só podem ser encontradas e funcionar por meio da renegociação e reforma das redes de interdependências e interações globais. Em vez de se voltar para a limitação dos prejuízos e benefícios locais, resultantes das guinadas caprichosas e acidentais das forças econômicas globais, deve-se buscar um novo tipo de ambiente global em que os itinerários das iniciativas econômicas tomadas em qualquer lugar do planeta não sejam mais extravagantes, guiadas apenas pelos ganhos momentâneos, sem prestar atenção aos efeitos indesejados e às "baixas colaterais", nem dar importância às dimensões sociais dos cálculos de custo-benefício. Em suma, citando Habermas, essa lógica está voltada, para o desenvolvimento de uma "política que possa nivelar-se com os mercados globais".[37]

Nós sentimos, imaginamos, suspeitamos o que deve ser feito. Mas não podemos conhecer o aspecto e a forma que isso acabará assumindo. Podemos estar bem certos, contudo, de que esse aspecto não será familiar. Será bem diferente de tudo aquilo a que estamos acostumados.

· Notas ·

Introdução *(p.7-23)*

1. Ver *Observer Magazine*, 3 out 2004.
2. Jacques Attali, *Chemins de sagesse. Traité du labyrinthe* (Fayard, 1996), p.79-80, 109.
3. Ver Richard Sennett, *The Corrosion of Character: The Personal Consequences of Work in the New Capitalism* (W.W. Norton, 1998), p.62. (Trad. bras., *A corrosão do caráter*, Rio de Janeiro, Record, 2004.)
4. Italo Calvino, *Le città invisibile*, citado aqui segundo a tradução de William Weaver, *Invisible Cities* (Vintage, 1997), p.64. (Trad. bras., *A cidade invisível*, São Paulo, Cia. das Letras)
5. Ver "Grace under pressure", *Observer Magazine*, 30 nov 2003, p.95.
6. Andrzej Szahaj, *E pluribus unum* (Universitas, 2004), p.81.
7. Ver Andrzej Stasiuk, "Duchowy lumpenproletariat" ("Lumpenproletariado espiritual") e "Rewolucja czyli zaglada" ("Revolução ou extermínio"), in *Tekturowy Samolot* (Wydawnictwo Czarne, 2002).
8. Ver Shakespeare, *Hamlet*, Ato IV, cena iii.
9. Ver Henry A. Giroux e Susan Searls Giroux, *Take Back Higher Education* (Palgrave, 2004), p.119-20.
10. Ver Richard Rorty, "The humanistic intellectuals: eleven theses", in *Philosophy and Social Hope* (Penguin, 1999), p.127-8.
11. Em "Education as socialization and as individualization", in *Philosophy and Social Hope*, p.118.

1. O indivíduo sitiado *(p.25-54)*

1. Ver Charles Guignon, *On Being Authentic* (Routledge, 2004), p.9.
2. Ver Jeremy Seabrook, "Powder keg in the slums", *Guardian*, 1º set 2004, p.10, de seu livro *Consuming Cultures: Globalization and Local Lives* (New Internationalist, 2004).
3. Ver *Observer Magazine*, 29 ago 2004, p.35.
4. Richard Rorty, *Achieving our Country* (Harvard Unversity Press, 1997), p.83ss.

5. Ver N. Chambers, C. Simmons e M. Wackernagel, *Sharing Nature's Interest: Ecological Footprint as an Indicator of Sustainability* (Earthscan, 2000), p.134.
6. John Reader, *Cities* (Heinemann, 2004), p.303, citando M. Wackernagel e William E. Reeves, *Our Ecological Footprint: Reducing Human Impact on Earth* (New Society Publishers, 1996), p.13-14.
7. William T. Cavanaugh, "Sins of Omission: What 'Religion and Violence' Arguments Ignore", *Hedgehog Review* (primavera de 2004), p.50.
8. Dany-Robert Dufour, *L'Art de réduire les têtes. Sur la nouvelle servitude de l'homme libéré à l'ère du capitalisme total* (Denoël, 2003), p.69.
9. Ibid., p.44.
10. Sennet, op.cit., p.51.
11. Georges Perec, *La Vie, mode d'emploi*, aqui citado na tradução de David Bello, *Life: A User's Manual* (Collins Harvill, 1988), p.497.
12. L. Feuchtwanger, *Odysseus and Swine, and other Stories*, trad. de Barrows Mussey (Hutchinson, 1949).

2. De mártir a herói e de herói a celebridade *(p.55-70)*

1. Ver René Girard, "Violence and religion: cause or effect?", *Hedgehog Review* (primavera de 2004), p.8-20.
2. I Maccabeus, 2.
3. Marcos, 14.
4. Ver George L. Mosse, *Fallen Soldiers* (Oxford University Press, 1990), p.34s.
5. Citado segundo a tradução, por Philip Vellacott, das tragédias de Ésquilo *As coéforas* e *Eumênides*; ver Ésquilo, *The Oresteian Trilogy* (Penguin, 1959), p.108, 118, 143, 174.

3. Cultura: rebelde e ingovernável *(p.71-89)*

1. Theodor W. Adorno, "Culture and Administration", in *The Culture Industry: Selected Essays on Mass Culture by Theodor W. Adorno*, org. por J.M. Bernstein (Routledge, 1991), p.93. Permitam-me assinalar que a palavra "gerenciamento" transmite melhor o espírito do termo alemão *Verwaltung* usado no original.
2. Ibid., p.98.
3. Ibid., p.93, 98, 100.
4. Ibid., p.94.
5. Theodor W. Adorno e Max Horkheimer, *Dialectic of Enlightenment*, (Verso, 197), p.216-17. (Trad. bras., *Dialética do esclarecimento*, Rio de Janeiro, Zahar, 2009).
6. Adorno, "Culture and administration", p.103.
7. Hannah Arendt, *La crise de la culture* (Gallimard, 1968), p.266-7.
8. Hannah Arendt, *Man in Dark Times* (Harcourt Brace, 1983), p.vii.
9. Ibid., p.24.
10. Naomi Klein, *No Logo* (Flamingo, 2001), p.5.

11. Ibid., p.25.
12. W. de Koonig, *Écrits et propos* (Éditions de l'Ensb-a, 1992), p.90s.
13. Yves Michaud, *L'Art à l'état gazeux*, p.9.
14. Citado de Patrick Barer, *(Tout) l'art contemporain est-il mal?* (Fauvre, 2000), p.67.
15. Michaud, op.cit.

4. Buscando abrigo na Caixa de Pandora *(p.90-104)*

1. *Hedgehog Review*, 5:3 (outono de 2003), p.5-7.
2. David L. Altheide, "Mass media, crime, and the discourse of fear", *Hedgehog Review*, 5:3 (outono de 2003), p.9-25.
3. Stephen Graham, "Postmorten city: towards an urban geopolitics", *City*, 2 (2004), p.165-96.
4. Ray Surette, *Media, Crime and Criminal Justice* (Brooks/Cole, 1992), p.43.
5. Sobre isso, ver a reportagem de John Vidal, "Beyond the city limits", no suplemento *Online* do jornal *The Guardian*, 9 set 2004, p.4-6.
6. Arquivado em www.christianfarmers.org
7. Sobre isso, ver: http://web.idrc.ca/en/ev-5376-201-1DO_TOPIC.html
8. Seabrook, "Powder keg in the slums".
9. Nan Ellin, "Fear and city building", *Hedgehog Review*, 5:3 (2003), p.43-61
10. B. Diken e C. Lausten, "Security, terror and bare life", *Space and Culture*, 2 (2002), p.290-307.
11. Citado por John Reader, *Cities*, p.282.
12. Ibid., p.267.
13. Peter Hall, *Cities in Civilization*, p. 875-6.
14. Jonathan Manning, "Racism in three dimensions: South African architecture and the ideology of white superiority", *Social Identities*, 4 (2004), p.527-36.
15. Lewis H. Morgan, *Ancient Society*, p.1.

5. Os consumidores na sociedade líquido-moderna *(p.105-150)*

1. Ver "Irritable skin syndrome", *Guardian Weekend*, 9 out 2004, p.57.
2. Andy Fisher, *Radical Ecopsichology: Psychology in the Service of Life* (Suny Press, 2003), p.167.
3. "Sunflower sermon: how to do florals", *Guardian Weekend*, 25 out 2003, p.60.
4. Jess Cartner-Morley, "How to wear clothes", *Guardian Weekend*, 17 jan 2004, p.47.
5. Ver "21 ways to be better in 2004", *Observer Magazine*, 4 jan 2004, p.22s.
6. Ver *Observer Magazine*, 4 jul 2004, p.59.
7. Naomi Klein, *Fences and Windows* (Flamingo, 2002), p.xx.
8. Bryan S. Turner, *Regulating Bodies: Essays in Medical Sociology* (Routledge, 1992), p.16.
9. Oliver Sachs, *Migraine, Evolution of a Common Disorder* (Pan Books, 1981).

10. Chris Shiling, *The Body and Social Theory* (Sage, 1993), p.3.

11. Thomas DiLorenzo, *How Capitalism Saved America: The Untold History of Our Country, from the Pilgrims to the Present* (Crown Forum, 2004); Ludwig von Mises, *Human Action*, Scholar's Edition, p.728-9.

12. Ver John Henley, "France set targets for expelling migrants", *Guardian*, 28 out 2003.

13. Barbara Ellen, "Bored, dirty, exhausted: who ever said there was anything yummy about being Mummy?", *Observer Magazine*, 7 mar 2004, p.7.

14. Ver *Observer*, 16 nov 2003, p.19.

15. Ver "Childcare rises to 25 per cent of income", *Guardian*, 26 jan 2004.

16. Ver Kate Spicer, "Love is the drug", *Observer Magazine*, 9 mai 2004.

17. Ver "Don't you want me baby?", *Observer Magazine*, 8 fev 2004.

18. Ver Lawrence Grossberg, "Why does neo-liberalism hate kids?", *Review of Education/Pedagogy/Cultura Studies* 2 (2001), p.133.

19. Henry A. Giroux, *The Abandoned Generation* (Palgrave, 2003), p.xv.

20. www.simplyfamily.com/display.cfm?articleID=991215Schildsmoral.cfm.

21. Ver Jean-François Lyotard, *The Inhuman: Reflections on Time*, (Polity, 1991), p.2-7.

22. Kiku Adatto, "Selling out childhood", *Hedgehog Review* (verão de 2003), p.36.

23. Priscilla Anderson, *Young Children's Rights* (Jessica Kingsley, 2000), p.57.

24. Dufour, *L'Art de réduire les têtes*, p.10.

25. Daniel Thomas Cook, "Beyond either/or", *Journal of Consumer Culture* 2 (2004), p.149.

26. Owen Bowcott, "Makeup and marketing: welcome to the world of ten-year-old girls", *Guardian*, 8 set 2004, p.3.

27. Dan Acuff, *What Kids Buy and Why* (Free Press, 1997).

28. Ver Beryl Langer, "The business of branded enchantment", *Journal of Consumer Culture* 2 (2004), p.255. Ver também, de minha autoria, *Wasted Lives* (Polity, 2004), Cap.4: "Culture of waste" [Edição brasileira: *Vidas desperdiçadas*, Rio de Janeiro, Zahar, 2005.]

29. Cook, "Beyond either/or", p.150.

30. Juliet B. Schor, "The commodification of childhood: tales from the advertising front lines", *Hedgehog Review* (verão de 2003), p.7s.

31. James U. McNeal, *The Kid's Market: Myths and Realities* (Paramount Market, 1999).

32. Joseph E. Davis, "The commodification of self", *Hedgehog Review* (verão de 2003), p.44s.

33. Tori de Angelis, "Cosumerism and its discontents", www.apa.org/monitor/jun04/discontents.html.

6. Aprendendo a andar sobre a areia movediça *(p.151-166)*

1. Leszek Kolakowski, *Freedom, Fame, Lying and Betrayal: Essays in Everyday Life* (Penguin, 1999), p.98.

2. Jacek Wojciechowski, "Studia podyplomowe", *Forum Akademickie*, 5 (2004).
3. Ver www.staffs.ac.uk.journal/volume6(1)editor.htm.
4. Carmel Borg e Peter Mayo, "Diluted wine in new bottles: the key messages of the Memorandum", *LLinE: Lifelong Learning in Europe*, 1 (2004), p.15-23.
5. Ver C.J. Fombrun, N.M. Tichy e M.A. Devanna, *Strategic Human Resources Management* (John Wiley, 1984), p.41, 159.
6. Raili Moilanen, "HRD and learning – for whose well-being?", *LLinE*, 1 (2004), p.34-9.
7. Dominique Simne Rychen, "Lifelong learning – but learning for what?", *LLinE*, 1 (2004), p.26-33.
8. Henry A. Giroux e Susan Searls Giroux, "Take back higher education: toward a democratic commons", *Tikkun* (nov-dez, 2003).
9. Ver "Hot-cold-hot: terror alert left America uncertain", *International Herald Tribune*, 5 ago 2004.

7. O pensamento em tempos sombrios *(p.167-197)*

1. Arendt, *Man in Dark Times*, p.viii.
2. Ibid., p.4-5.
3. Ibid., p.24.
4. Peter Gay, *The Enlightenment: An Interpretation*, vol.2: Science of Freedom (Wildwood House, 1973), p.3s.
5. Ibid., p.56, 8, 15-17.
6. Ver Laura Barton, "Flight from reality", *Guardian Weekend*, 16 ago 2003, p.14-19.
7. Richard Sennett, *The Corrosion of Character*, p.51.
8. Michael J. Piore e Charles F. Sabel, *The Second Industrial Divide* (Basic Books, 1974), p.17.
9. Gay, *The Enlightenment*, p.4.
10. Theodor W. Adorno e Max Horkheimer, *Dialect of Enlightenment*, (Verso, 1979), p.xv. [Edição brasileira: *Dialética do esclarecimento*, Rio de Janeiro, Zahar, 2009]
11. Ibid., p.216.
12. Pierre Bourdieu, "La précarité est aujourd'hui partout", *Contrefeux* (Raison d'Agir, 1998), p.96-7.
13. Theodor W. Adorno, *Critical Models: Interventions and Catchwords*, (Columbia University Press, 1998), p.276. Adorno usa aqui o termo "cadinho" de forma diferente da acepção popular, no sentido original de um contêiner em que todos os ingredientes se dissolvem, se misturam e se combinam, perdendo a individualidade e se tornando indistinguíveis.
14. Ver ibid., p.118.
15. Ibid., p.111.
16. Ibid., p.109.
17. Czeslaw Milosz, *Szukanie ojczyzny* (Znak, 1992), p.180ss.
18. Adorno, *Critical Models*, p.14.
19. Ibid., p.15

20. Ibid., p.128.
21. Ibid., p.292-3.
22. Adorno e Horkheimer, *Dialect of Enlightenment*, p.243.
23. Ver Franz Rosenzweig, *Understanding the Sick and the Healthy: A View of World, Man and God* (Harvard University Press, 1999), p.39, 59.
24. Além do ponto de concordância, porém, os caminhos de Rosenzweig e Adorno divergem. Se, para Adorno, uma certa arrogância filosófica autoconsciente (libertando-se, de fato cortando a comunicação com um senso comum congelado em sua gaiola circunstancial) é condição *sine qua non* do serviço prestado pela filosofia à emancipação humana, para Rosenzweig a rota que conduz a um destino quase idêntico passa pela humildade filosófica: pela escolha e prática do discurso, do diálogo (com o senso comum – o que mais?), em lugar do "pensamento abstrato" como principal estratégia de procedimento: "O 'pensador falante' não pode prever coisa alguma: deve ser capaz de esperar porque depende da palavra do outro – precisa de *tempo* ... O 'pensador falante' fala com alguém e pensa por alguém; um alguém que não tem só ouvidos, mas também boca."
25. Adorno, *Critical Models*, p.263.
26. Ver a carta de Adorno a Benjamin de 18 mar 1936, in *Theodor Adorno and Walter Benjamin Correspondence 1928-1940* (Harvard University Press, 1999), p.127-33.
27. Adorno, *The Culture Industry*, p.89.
28. Ibid., p.119.
29. Ibid., p.138.
30. Ibid., p.92.
31. Theodor W. Adorno, *Minima Moralia* (Verso, 1974), p.25.
32. Ibid., p.26.
33. Ver Jean Baudrillard, *Power Inferno* (Galilée, 2002), p.24-5, e *La Pensée radicale* (Sens & Tonka, 2001), p.8-9.
34. Ver Michael Denning, *Culture in the Age of Three Worlds* (Verso, 2004).
35. Citado por Sheldon Rampton e John Stauber, "Trading on fear", *Guardian Weekend*, 12 jul 2003.
36. Klein, Fences and Windows, p.xxi.
37. Jürgen Habermas, *The Postnational Constellation: Political Essays,* (Polity, 2001), p.109.

· Agradecimentos ·

Sou grato a Giuseppe Laterza e John Thompson por me convencerem a ampliar um texto preparado exclusivamente para uma palestra em Leyden. E por transformá-lo num estudo mais amplo sobre as atuais perspectivas da luta da Europa em busca de unidade, razão e consciência ética, num mundo cada vez mais fragmentado pelas paixões e confusão ética. Foi graças a eles que me arrisquei a assumir essa tarefa, embora as falhas na sua realização sejam de minha plena responsabilidade.

Também agradeço, mais uma vez, à responsável pela editoração, Ann Bonne, cuja paciência infinita se mostrou neste caso particularmente preciosa, já que o tema mudava mais depressa do que a escrita conseguia avançar...

· **Índice** ·

A

Abrahams, Charlotte, 111-2
Acuff, Dan, 146-7
Adatto, Kiku, 142, 143, 148, 150
Adorno, Theodor Wiesengrund, 73-9, 173-86, 190-1, 193
agente histórico, 188
Alberti, Leon Battista, 171-2
Altheide, David L., 91
amizade, 90, 140-3
Anderson, Priscilla, 144
Angelis, Tori de, 149-50
Anouilh, Jean, 54
aprendizagem, 7, 8, 83, 86, 88, 152-4, 157-62
Arendt, Hannah, 75-8, 167-8
Attali, Jacques, 10
autenticidade, 27

B

Barton, Laura, 169
Baudrillard, Jean, 184-5
Bedbury, Scott, 149
Belloc, Hilaire, 153
Benjamin, Walter, 181
Blackburn, Simon, 137-8, 141
Bloch, Ernest, 194
boa forma, 122-4
boa vida, 195
Boorstin, Daniel J., 68, 81-2
Borg, Carmel, 158-60
Bourdieu, Pierre, 46, 161, 174-5, 191
Bowcott, Owen, 145-6
Braun-Vega, 87-9

Brecht, Bertold, 78, 167, 181
Brodsky, Joseph, 14

C

Calvino, Italo, 11, 14
Carroll, Lewis, 35, 172
Cartner-Morley, Jess, 112
Castoriadis, Cornelius, 22
celebridades, 45, 68-70, 82, 112-3
Clarke, Charles, 40-1
comunidade imaginária, 68-9
comunidades fechadas, 96-7
consumismo 36, 39, 64, 107-8, 110-1, 116, 120, 147, 149
Cook, Daniel Thomas, 145-7
Cooke, Alistair, 117, 125
corpo do consumidor, 118-9, 124-5, 128
cultura, 42, 46, 56, 60, 62, 71-84, 99, 117-8, 181, 186-7
Curry, Hazel, 106

D

Davis, Joseph E., 149
Denning, Michael, 186-8
detrito, 9, 19, 34, 80, 189
Diken, Bulent, 96
DiLorenzo, Thomas J., 128
Donkersgoed, Elbert van, 94-95
Dufour, Dany-Robert, 45, 145
Durkheim, Émile, 33, 108

E

Eagleton, Terry, 186-7

educação ao longo da vida, 151, 154, 160, 162, 166
elite do conhecimento, 187-8
Ellen, Barbara, 133-4
Ellin, Nan, 95-6, 102-3
emancipação, 29, 39, 43, 178, 182, 186, 189, 190-3
espaço público, 97, 99, 101-2, 162, 163, 195, 196
esquecimento, 9, 47, 68, 75, 83, 86, 87, 112, 117, 153, 182
Ésquilo, 67
eternidade, 14-6, 47, 80, 88-9, 172
excesso, 36, 50-1, 81, 91, 107, 110, 123, 125, 127
exclusão, 90, 130-3, 141, 157
exílio, 177-8

F

felicidade, 20, 56, 64-5, 90, 109, 136, 139, 171
Feuchtwanger, Lion, 51, 181
Fisher, Andy, 111
Foucault, Michel, 188
Frayne, Bruce, 95
Freud, Sigmund, 181-2
Fromm, Erich, 181
fundamentalismo, 40

G

Gaitanas, Apostolos, 169-70
Galvin, Daniel, 169
Gates, Bill, 10-2
Gay, Peter, 168-9, 173
Gerenciamento, 77-8, 171-2
Girard, René, 56-8
Giroux, Henry A., 21, 140, 163
Giroux, Susan Searls, 21, 163
gordura, 117, 125-30
Graham, Stephen, 91-2
Grossberg, Lawrence, 140
Guignon, Charles, 28

H

Habermas, Jürgen, 182, 197
Hall, Peter, 100
Harmsforth, Susan, 106-7
Hegel, Friedrich, 31

Heidegger, Martin, 31, 43
heróis, 34, 49, 59, 63-5, 68-70, 170-3
hibridismo, 10, 42-6, 187
Hill, Amelia, 134
Hirsch, Samuel, 128
Hogan, Phil, 114
homo eligens, 47-8, 154
homo sacer, 130
Honigsbaum, Mark, 137
Horkheimer, Max, 74, 185-6
Hume, David, 169

I

identidade, 13-6, 35, 39-53, 113-4, 149
Illich, Ivan, 106
iluminismo, 74, 169
incerteza, 8, 15, 26, 50-1, 78, 80, 110, 123, 127, 154, 161, 165
individualidade, 25-40, 43-4, 69, 175
individualização, 34-5, 37-8, 40
infância, 133, 135, 140-50
Ingram, Richard, 40-1
insegurança, 52, 54, 91, 96, 100, 102, 127, 149, 191
intelectuais, 22, 177, 181-2, 186-8
intimidação, 97
invisibilidade, 9, 97

J

Jonas, Hans, 80
Joyce, James, 177

K

Kanner, Allen, 149-50
Kant, Immanuel, 192
Klein, Naomi, 82-3, 115, 192
Knowlton, Brian, 165
Kolakowski, Leszek, 154
Kooning, Willem de, 84, 89

L

Langer, Beryl, 147
Leblow, Victor, 111
Levinas, Emmanuel, 195
liberdade versus segurança, 12, 23, 39, 44, 50-4, 128, 189-91, 193

lixo, 9-10, 17-9, 34, 38, 47, 73, 80, 86, 106-7, 110-1, 116-7, 132, 147, 190
Lyotard, Jean-François, 141-2

M

Manning, Jonathan, 102-3
marketização, 115
Marsden, John, 138, 141
mártires, 56-70
Marx, Karl, 31, 41, 61, 178-9, 182, 186, 188-90
maternidade, 133-4
Mayo, Peter, 158-60
McLuhan, Marshall, 93
McNeal, James U., 148
mercados de consumo, 36-7, 78-80, 105, 117, 120, 123, 148-50
Michaud, Yves, 84, 89
Milosz, Czeslaw, 178
Mises, Ludwig von, 128
modernidade líquida, 7-9, 44, 68, 83, 88
Moilanen, Raili, 159
Morgan, Lemis H., 103
Mosse, George L., 60-1
multiculturalismo, 44
Murphy, Brian, 97

N

narcisismo, pessoal versus coletivo, 175
notoriedade, 45, 68-9, 81-2

P

Parsons, Talcott, 77
patriotismo, 61-3
Perec, George, 49
permanência versus transitoriedade, 88, 109
pertença, 12, 42-4
Piore, Michael, 170
Platão, 181
prática versus teoria, 41, 46, 146, 168, 180-5
progresso, 34, 44, 88, 90, 94, 103-4, 164
proteção, 62, 128, 189

R

Reader, John, 39, 99
Redfield, Robert, 93
Reding, Viviane, 158
reinícios, 8-9, 115, 140
retardar a satisfação, 83, 109
Ricoeur, Paul, 30, 43
Riley, Andy, 8
Rogers, Richard, 98-9
Rorty, Richard, 21-2, 38
Rosenzweig, Franz, 180
Rychen, Dominique Simone, 162

S

Saatchi, Charles, 81
Sabel, Charles, 170
Sarkozy, Nicolas, 131-2
Sartre, Jean-Paul, 43
Schor, Juliet B., 147
Schütz, Alfred, 43, 109
Schwarzbeck, Charles, 141
Seabrook, Jeremy, 33-4, 95
segurança, 7, 20, 39, 44, 50-4, 62, 90-2, 96-7, 127, 174-7, 189-93
Sennett, Richard, 10-1, 48, 170
Shaw, George Bernard, 81
Shilling, Chris, 118
Shore, Keen, 95
Siblani, Osama, 192
síndrome consumista, 83, 108-10
Singer, Isaac Bashevis, 177
sociedade autônoma, 22-3, 39
sociedade de consumo, 17-8, 50, 63-4, 105-7, 110, 116-7, 119-24, 128-9, 133, 138, 145
sociedade dos produtores, 83, 119, 122, 131, 144
sociedade individualizada, 27, 35, 39
St. George, Chris, 120-1, 124
Stasiuk, Andrzej, 14-5
Steiner, George, 82
subclasse, 34-7, 132
Surette, Ray, 92
Szahaj, Andrzej, 13

T

terrorismo, 64, 92, 126-7, 164-5
Thomas, Lisa, 156

Thompson, Tommy, 127
Turner, Bryan, 117

U
Urbonas, Gediminas, 89
utopia, 19, 22, 99, 77, 179, 184, 195

V
Valdes, Manolo, 86-89
velocidade, 7, 9, 12, 15, 35-6, 45, 106, 110, 112, 125, 132, 140-1, 152, 156, 172, 176
Vendetta, 67-8

vidas desperdiçadas, 160
Villeglé, Jacques, 84-5, 88
vínculos humanos, 31-2, 39, 53, 79, 114-5, 118, 139-40, 149, 162, 189, 190
vítimas, 53-4, 56-9, 65-7, 70, 106, 127, 149-50, 178

W
Wain, Kenneth, 158
Wilde, Oscar, 73
Wojciechowski, Jacek, 155-6
Wolfe, Tom, 84

1ª EDIÇÃO [2021] 1 reimpressão

EESTA OBRA FOI COMPOSTA POR TEXTOS & FORMAS
EM AVENIR E MINION E IMPRESSA EM OFSETE PELA
GRÁFICA BARTIRA SOBRE PAPEL PÓLEN SOFT DA SUZANO S.A.
PARA A EDITORA SCHWARCZ EM JANEIRO DE 2024

A marca FSC® é a garantia de que a madeira utilizada na fabricação do papel deste livro provém de florestas que foram gerenciadas de maneira ambientalmente correta, socialmente justa e economicamente viável, além de outras fontes de origem controlada.